Al filo de los días

Cauces de ***Opinión***

Al filo de los días

José Borrell Fontelles

Cauce Editorial

Ferraz, 80. 28008 Madrid.

Imprime: FotoJAE, S.A.

ISBN: 84-89612-36-6
Depósito Legal: M. 13.954-1998

Índice

Págs.

Presentación

Las elecciones primarias convocadas por el Partido Socialista para elegir candidato a la Presidencia del Gobierno, han conmocionado la vida política dentro y fuera del PSOE.

Los militantes socialistas, y los ciudadanos en general, han acogido favorablemente esta iniciativa, que aumenta la participación y la transparencia del sistema político español.

Pero, junto con los parabienes al Partido Socialista por haberse atrevido a poner en marcha un sistema de debate público y de elección abierta de sus candidatos, la opinión pública pide conocer las diferencias que distinguen entre sí las opciones políticas que cada candidato representa.

En efecto, aunque el programa electoral lo elaborará en su día el Partido, las opiniones que cada candidato a candidato manifieste ahora sobre los problemas que preocupan a los ciudadanos son determinantes para que los miembros del Partido Socialista les otorguen su confianza.

El debate entre compañeros del mismo Partido, que deberán seguir trabajando juntos el día después de las Primarias, debe ser exquisito en las formas y respetuoso en el fondo. Máxime si uno de los candidatos es el Secretario General, cuya autoridad y prestigio debe preservarse a lo largo del proceso. En cualquier caso ésta es una buena ocasión para «civilizar» la política, haciendo que el debate entre personas se refiera a las ideas, aptitudes y talantes que cada cual aporte a un proyecto común.

Nada mejor para contribuir a que este debate sea sosegado y rico que aportar a él las posiciones mantenidas y explicadas, a lo largo del tiempo, en forma de artículos, conferencias e intervenciones parlamentarias.

Esta es la razón de ser de este libro, nacido al calor de la necesidad de difundir mis opiniones sobre diversos temas, de forma que los militantes y los ciudadanos en general conozcan mejor a la persona que solicita su confianza para la difícil tarea de gobernar.

Desde que, después de la derrota electoral de marzo de 1996, dejé el Ministerio de Obras Públicas, Transportes y Medio Ambiente he ido escribiendo, al filo de los días, distintas colaboraciones de forma más o menos irregular, en periódicos y publicaciones que han tenido a bien ofrecerme sus páginas. Entre ellos destacan El Periódico de Catalunya, La Vanguardia, El País, El Siglo, Cinco Días, El Socialista, Temas, Leviatán, Sistema, *etc... También, como diputado y miembro de las direcciones políticas del PSOE y del PSC he sido invitado a pronunciar multitud de conferencias dentro y fuera del Partido Socialista, tanto sobre la actividad política como sobre los problemas sectoriales de los que me ocupé durante mi etapa de Secretario de Estado de Hacienda primero y de Ministro después.*

La mayor parte de esas conferencias no han sido publicadas y en este libro he incorporado algunas especialmente relevantes, como la relativa a las perspectivas políticas de la sociedad de la información.

También el Parlamento da ocasión de definir un perfil político. En mi condición de Portavoz parlamentario de la oposición en materia presupuestaria tuve ocasión de defender la enmienda a la totalidad de los Presupuestos del '97. La intervención inicial en ese debate ha sido incorporada a este libro por la importancia que tuvo para marcar las diferentes posiciones del Gobierno del PP y de la oposición socialista.

La extensión de los textos incorporados en este libro es muy variable. Oscila entre los mil caracteres de los pequeños artículos pu-

blicados en El Periódico de Catalunya *hasta sesudas conferencias de una hora de duración. Recuerdo que cuando me propusieron escribir pequeños sueltos de una extensión tan breve (¿doscientas palabras?), pensé que nunca sería capaz de hacerlo porque no se podía desarrollar ninguna idea en tan breve espacio. Pero aprendí que no era así, que se podía comprimir el argumento y la información para hacerlos asequibles a quien no dispone de mucho tiempo para enfrentarse a un texto largo.*

Cuando se es diputado de la oposición, hay que utilizar todos los altavoces y todos los periscopios sociales posibles para hacer oír su voz y sus argumentos. Gracias a ello he tenido durante estos dos años el placer de escribir, dirigiéndome al gran público, en formatos de distinta extensión, tratando de traducir la complejidad de los problemas que un Parlamento debate para acercarla a la comprensión de los ciudadanos.

El último artículo con fecha, ¿Primarias?, *escrito el pasado día de San José, refleja mis dudas sobre el sistema de elecciones primarias y mi decisión de participar en ellas como candidato alternativo al Secretario General.*

Ahora, las primarias están ya en marcha y espero que este libro ayude a darles el contenido de debate, entre personas, pero de ideas, que todos deseamos.

Agradezco, querido lector, la atención que me prestas y la confianza que, en su caso, quieras concederme.

Literatura y aritmética

El País, 20.06.96

Los electores recordarán cómo, según el PP, se podía reducir el déficit sin disminuir la inversión ni la protección social. Incluso se podían bajar los impuestos, aunque, eso sí, sólo para unos cuantos. Para ello, bastaba eliminar el despilfarro, suprimir canonjías y liberalizar, privatizar, desregular y desfiscalizar para relanzar la economía. Esa literatura electoral, construida en un lenguaje esférico, sin aristas ni concreciones, de vocablos «políticamente correctos» (austeridad, eficacia, diálogo, consenso...) tenía que chocar con la implacable aritmética del Presupuesto y de los beneficios y perjuicios que toda decisión comporta.

Hoy, una reforma administrativa, un ajuste presupuestario, algunos problemas con el reloj de Maastricht y tres decretos-leyes, permiten analizar la diferencia entre la literatura de la oposición y la aritmética del Gobierno.

La realidad ha demostrado que la supresión de altos cargos para ahorrar ¡50.000 millones! era una enorme falacia. Se reconoce ahora que los famosos 5.000 altos cargos, como las 50.000 vírgenes de la leyenda, nunca existieron. Fue, según ahora se dice, «un error de interpretación», puesto que esa cifra incluye prácticamente todos los puestos de trabajo de relevancia ocupados por funcionarios con título universitario. Pero, condicionados por sus demagógicas promesas, han suprimido puestos técnicos vitales para el buen funcionamiento de la Administración, con un ahorro directo irrelevante y un elevado coste en términos de pérdida de eficacia.

Si tanto despilfarro de gastos corrientes había y tan notorio era, la reducción del gasto de 200.000 millones era la ocasión para empezar a eliminarlo. Pero no ha sido así. El recorte efectivo reduce la inversión en 120.000 millones, más de lo que habíamos advertido que seria necesario hacer. Y aunque todavía hoy no sabemos qué partidas concretas se ven afectadas, se reconoce ya que una reducción del 0,25% en los gastos de funcionamiento es un «enorme esfuerzo» y que no se puede hacer más hasta que no se defina «una nueva política de compras» (?).

En realidad, el ajuste presupuestario es menor de lo anunciado, porque la reducción en 75.000 millones de las transferencias a la UE y a las administraciones territoriales no es realmente un «recorte». Estas aportaciones serán las que tengan que ser, en función de las variables que las regulan. Si «sobra» crédito, el menor gasto no sería el resultado de una decisión política de no gastar, y si no, no habría ni reducción del gasto ni, por tanto, ajuste.

Pero mientras la literatura del Gobierno proclama la firme voluntad de reducir el déficit, la aritmética demuestra que el conjunto de las medidas lo aumenta, puesto que el recorte en la inversión queda anulado por los menores ingresos que producirán las medidas fiscales aprobadas por los decretos-leyes de fomento y liberalización de la actividad económica, presentados a la opinión pública y a «los mercados» como instrumentos clave de la reactivación ecónomica y el empleo, universalmente benéficos en sus efectos y de extraordinaria urgencia en su adopción. Pero, en realidad, la adecuación de estas medidas al objetivo que se les atribuye es muy dudosa, tienen un coste elevado, van dirigidas a sectores sociales muy específicos, involucionan gravemente el sistema de imposición directa y, en su conjunto, nos alejan de Maastricht.

Algunas de las más importantes medidas de liberalización propuestas, como la creación de un segundo operador de telecomunicaciones en torno a Retevisión o la reducción de plazos en el planteamiento urbano, ya fueron propuestas por el Gobierno socialista, y el PP impidió su aprobación.

Otras pueden producir efectos socialmente negativos, contrarios a los objetivos que se proponen. Tal es el caso de la disminución de las cesiones de suelo a los ayuntamientos en el proceso de urbanización. Es una buena noticia para los propietarios de suelo, pero muy mala para los que esperan poder acceder a una vivienda de protección oficial (VPO), porque éstas se construyen mayoritariamente sobre estos suelos. Siendo la VPO un motor básico de la construcción, es más que probable que la ventaja que se da a los propietarios de suelo afecte negativamente a la actividad del sector, mientras que nada asegura que se traslade al precio final del suelo. Otro ejemplo es la cacareada liberalización de los precios de los combustibles, que consiste, simplemente, en suprimir el precio máximo de venta del gasóleo. Si los precios son libres con un máximo que los limita, ¿qué ventaja puede esperar el consumidor de la supresión de ese límite? Lo que puede ocurrir es que en parte del territorio rural, donde la oferta y, por tanto, la competencia es escasa, los precios tiendan a superar el valor que hoy los limita. En otros casos, como el de los colegios profesionales, se trata de un ejercicio lampedusiano, o se adoptan, en telecomunicaciones, decisiones urgentes que se van a aplicar en el 98, o que constituyen una verdadera revancha política, como la amnistía a los ayuntamientos del PP que, en claro fraude de ley, convocaron concursos de cable sin competencia legal ni constitucional para ello.

Dentro de las medidas fiscales, la modificación de la tributación de las plusvalías en el IRPF produce la más grave preocupación. Se trata de una voladura incontrolada del impuesto sobre la renta. A partir de ahora, ya no habrá un impuesto sobre «la» renta, sino impuestos distintos para distintas clases de rentas. Una de las cuales, las ganancias de capital, se gravarán a un tipo proporcional y moderado, el 20%, cualquiera que sea su cuantía y la de las otras rentas del contribuyente.

Se trata de una modificación trascendental de la estructura del impuesto, cuya aprobación por decreto-ley es totalmente injustificada, de efectos más regresivos y más selectivos de lo que hubiera sido la rebaja de los tipos marginales, que beneficia extraordinariamente a una minoría de contribuyentes, tanto más cuanto mayor sea su renta, y perjudica a la gran mayoría, tanto más cuanto menor sea ésta. Esta medida hará inevitable un tratamiento igualmente privilegiado de otras rentas de capital, intereses y dividendos, porque la distorsión que va a producir en los mercados de capitales será insostenible. Aunque quizá eso sea, a fin de cuentas, lo que se busca.

Y lo que es más grave, este tipo de medidas fiscales no son adecuadas al objetivo de incremento del empleo, a través de un aumento del ahorro y de la inversión, que dicen perseguir. A corto plazo, el problema de la economía española es la atonía del consumo, más que la insuficiencia del ahorro. Y a largo plazo, la evidencia empírica demuestra que las medidas fiscales desplazan el ahorro entre las distintas clases de inversión, pero no aumentan el volumen global del ahorro. Lo que es seguro es que harán más regresiva la distribución de la renta a costa de agravar los problemas presupuestarios.

Un presupuesto extrapresupuestario

El País, 26.11.96

A medida que avanza el debate del Presupuesto de 1997, crece la preocupación por el complaciente recurso a procedimientos «extrapresupuestarios» para disimular la quiebra de la demagógica promesa electoral de incrementar la inversión, mantener las prestaciones sociales, bajar impuestos y cotizaciones y, a la vez, reducir el déficit.

Pero lo que ahora corre el riesgo de quebrarse es la propia naturaleza y razón de ser del Presupuesto, al que se está vaciando de contenido en aspectos tan importantes como la inversión, las privatizaciones, la financiación de la empresa pública, de la sanidad y de las Comunidades Autónomas.

Así, la inversión pública civil, disminuye un 18%. Pero se dice que no debemos preocuparnos por el efecto que este drástico recorte tendrá sobre el crecimiento y el empleo, porque se cuenta, además, con una inversión «extrapresupuestaria», es decir, no incluida en el Presupuesto, financiada con «mayores recursos» procedentes de privatizaciones, que tampoco aparecen en el Presupuesto.

Todos los responsables económicos del PP han repetido esta cantinela con la satisfacción de quien cree haber descubierto la solución mágica a los problemas del déficit. Pero a los diputados de CiU deben de habérselo contado con más y mejores detalles, imposibles de conocer leyendo el Presupuesto, ya que han retirado sus enmiendas, porque las mayores inversiones que pedían para Cataluña se efectuarán de forma «extrapresupuestaria», sin necesidad de que el Parlamento las apruebe.

Como diputado catalán estoy encantado de saber, por ejemplo, que se va a cerrar la autovía entre Lleida y Barcelona. Pero, aunque el Gobierno lo asegure, el Presupuesto no lo dice, y si el Presupuesto no explica cuánto y dónde se va a invertir, ¿cómo sabe un diputado andaluz o gallego, si debe o no presentar enmiendas para reclamar tal o cual inversión que el Presupuesto no recoge? Y si el Gobierno asegura que va a ejecutar determinadas inversiones, ¿por qué votan PP i CiU en contra de las enmiendas que pretenden que el Presupuesto lo diga? ¿Para qué sirve entonces el Presupuesto?

Ante esta situación, conviene recordar que la Constitución exige que el Presupuesto contenga la totalidad de los ingresos y gastos públicos. Desde esta lógica democrática, ¿cómo puede el Gobierno reconocer que va a efectuar inversiones no recogidas en el Presupuesto, y que las financiará con recursos no presupuestados, provengan de privatizaciones o de cualquier otro origen?

Es de temer que alguien esté engañando a alguien. Si el Gobierno cree, como parece, que va a obtener más ingresos por privatizaciones, debe corregir su previsión y especificar en el Presupuesto qué objetivos y proyectos va a financiar con ellos. Y si ahora hurta esta decisión del debate parlamentario, debe recordar que, la propia Ley de Presupuestos obliga a dedicar los mayores ingresos a reducir el déficit y no a financiar nuevas inversiones.

Así, extrapresupuestando las decisiones presupuestarias, se consigue dar un cheque en blanco al Gobierno y que la distribución territorial de la inversión sea tan opaca, como el pacto de financiación autonómica PP-CiU.

En efecto, todos los años el Presupuesto contiene la previsión de los recursos que van a transferirse a cada Comunidad Autónoma. Pero esta información ha sido cuidadosamente omitida del Presupuesto del 97. Sólo aparece una cifra global, la suma de las transferencias a todas las Comunidades, sin ninguna explicación de su procedencia ni de la cuantía correspondiente a cada Comunidad ni por la liquidación del año en curso ni por la previsión del siguiente ejercicio.

Esta crucial falta de información es todo un símbolo de la proclamada transparencia del pacto PP-CiU. Pero afortunadamente, hay información «extrapresupuestaria», que los diputados podemos obtener de la atenta lectura de los anuncios que el PP publica en la prensa de Andalucía.

Según esta publicidad pagada, con el nuevo sistema, Andalucía recibiría 470.000 millones adicionales, que los andaluces corren el riesgo de perder porque el Sr. Chaves subordina sus intereses a las órdenes de Ferraz. Desde luego, si esta cifra fuera cierta, haría bien Chaves, como dirigente andaluz, en aceptar el trato que le proponen. Pero como socialista español, preocupado también por los equilibrios del conjunto del Estado, debería inquietarse por el coste global del invento, que si es el que le dicen que es, ni está reflejado en el Presupuesto, ni cabe en el camino de Maastricht.

En efecto, si para Andalucía, que es el 30% de la financiación autonómica, el nuevo sistema implica 470.000 millones adicionales, y hacemos caso al cómputo de «los dividendos» (SIC) que el Sr. Pujol atribuye a sus pactos, y a las fastuosas cifras, siempre mayores que las del vecino, que se manejan desde Canarias hasta Murcia, el coste del nuevo sistema de financiación debe ser superior al billón de pesetas. Y como esta cifra es imposible de financiar, alguien está, otra vez, engañando a alguien.

Estamos pues discutiendo un Presupuesto extrapresupuestario con información extraparlamentaria. Pero más valen anuncios en la prensa que nada. Si algún parlamentario quiere conocer la aportación del País Vasco y Navarra a las cargas generales del Estado, en el Presupuesto encontrará el importe estimado del cupo navarro. Pero es inútil que busque el cupo vasco. El problema no es que sea grande o pequeño, positivo, negativo o nulo. Es que no aparece y no se explica porqué. Quizá porque sea también un concepto «extrapresupuestario». O quizá porque la noche del mismo día en que el Parlamento debatía el Presupuesto, el PP y el PNV llegaban a un conocido acuerdo para modificar el concierto vasco, a pesar del cual, el importe del cupo sigue siendo desconocido para el Parlamento.

La «extrapresupuestación» afecta de forma especialmente grave a la empresa pública. Por ejemplo, es imposible conocer la subvención a Hunosa para cubrir su déficit de explotación. De nuevo, el problema no es que sea mayor o menor de lo necesario, sino que tampoco esta rúbrica aparece en el Presupuesto.

¿Será que hemos resuelto el problema de Hunosa y que ya no requiere subvenciones que, como parte del gasto público que son, deberían figurar en el Presupuesto?

No, en realidad teníamos un problema y no lo hemos resuelto, simplemente lo hemos cambiado de sitio. Ahora, los déficits de Hunosa y de otras empresas no rentables se cubren «extrapresupuestariamente» con cargo a las privatizaciones efectuadas por la Sociedad Estatal de Participaciones Industriales, y que tampoco pasan por el Presupuesto.

Se evita así que en el Presupuesto aparezcan subvenciones a empresas que cuentan como gasto a efectos de los criterios de convergencia europea, y que tampoco incluya todos los ingresos por privatizaciones, que no computan para calcular el déficit según dichos criterios.

La reducción aparente del déficit que se consigue por este procedimiento «extrapresupuestario» de ingresos y gastos, es el 30% de la reducción total prevista. Pero ello implica que, realmente, no se van a privatizar en 1997 empresas rentables por 450 millardos, como dice el Presupuesto de ingresos, sino por más de 800.

Tampoco hay forma de encontrar en el Presupuesto el reflejo numérico de algunas de sus proclamadas virtudes. Por ejemplo, la financiación de la sanidad no es sino la plasmación exacta de lo acordado por el Gobierno socialista y las CCAA en el pacto de 1994. ¿A qué se debe entonces que el Sr. Rato anuncie una notable mejora en la financiación sanitaria y que los negociadores de CiU muestren su satisfacción por los mayores recursos conseguidos para cubrir su déficit sanitario? Debe tratarse de algún procedimiento extrapresupuestario todavía no identificado....

Y así, para eludir los problemas y ocultar los efectos de los beneficios fiscales concedidos a unos y de los pactos autonómicos con otros, el Presupuesto se deforma hasta situar fuera del debate y el control parlamentario muchas de sus más importantes decisiones, de manera tan ostensible como incompatible con la efectividad real de nuestro sistema democrático.

El presupuesto que viene

La Vanguardia, 1.12.96

Se dice, con razón, que contra las cifras del Presupuesto se acaban estrellando las falsas promesas electorales. Y eso es lo que le ha ocurrido al Sr. Aznar, de forma cada vez más evidente, con el Presupuesto de 1997.

Conviene recordar ahora su promesa de bajar impuestos y cotizaciones sociales, de incrementar la inversión, mantener el gasto social y, al mismo tiempo, reducir el déficit.

Conviene recordar cómo todo se arreglaba, según el PP, suprimiendo el despilfarro de un Gobierno acusado de comprar el voto cautivo del sur perezoso y vender España en tramos del IRPF. Conviene recordárselo sobre todo al Sr. Arenas, Ministro de Trabajo y candidato a la Junta de Andalucía, que acaba de aumentar un 15% el PER, en un año de lluvias. O al Sr. Fraga, que recurrió al Constitucional la cesión del 15% del IRPF y ahora retira el recurso encantado y feliz... porque se cede el 30%.

En realidad, el Presupuesto del 97, que ahora discutimos en el Congreso, baja los impuestos mucho, pero solo para unos pocos, y los sube para la mayoría, de forma indirecta y opaca. Congela los sueldos de los trabajadores del sector público, mantiene la inversión militar, pero reduce drásticamente (un 18%) la inversión civil, (en Cataluña la reducción es del 45%). Aumenta, sin equilibrarlo, el coste del sistema de financiación autonómica, dando lugar a una escalada sin fin de reivindicaciones y planteando serias dudas sobre la coherencia del conjunto del sistema fiscal. Y, para disimular el déficit, se endeuda a las empresas públicas y a la Seguridad Social, comprometiendo su futura solvencia, o se recurre a fantasmagóricos procedimientos «extrapresupuestarios»

Y todo ello es tanto más grave cuanto que el Presupuesto del 97 debía ser el instrumento de la ambición colectiva de participar, junto con los grandes países europeos, en la Unión Económica y Monetaria (UEM). Y a este objetivo deberían haberse dedicado todos los esfuerzos, repartidos por igual entre las distintas Administraciones y de forma equitativa entre los ciudadanos.

Y no es eso, sino más bien lo contrario, lo que hace el Presupuesto del 97. No se hubieran debido adoptar, a golpe de Decreto-Ley, medidas fiscales regresivas cuyo coste no puede soportar la Hacienda Pública en la perspectiva de Maastricht, ni embarcarse, apresuradamente y sin consenso, en un nuevo sistema de financiación autónomica, cuyo coste seguimos sin conocer, porque todo lo que aparece en el Presupuesto es una simple cifra global, sin que se explique cómo se calcula ni la cuantía que corresponde a cada Comunidad Autónoma.

Estas medidas van a contracorriente del objetivo de reducción del déficit al 3% del PIB, que es un requisito imprescindible para cumplir los criterios de convergencia europea, y con el que estamos totalmente de acuerdo.

Pero para reducir el déficit, antes que nada, hay de crecer, porque solo el crecimiento ahorra sin traumas gastos sociales y aumenta los ingresos fiscales. Por ello, conseguir el frágil equilibrio presupuestario requiere que la economía española crezca al 3%, objetivo ambicioso que se sitúa en la parte alta de las expectativas positivas sobre la recuperación de la economía europea y de la actividad interna, propiciada por una disminución de los tipos de interés, que es una condición necesaria pero no suficiente.

Pero el Presupuesto de un país, a diferencia del de una familia, está en relación interactiva con la economia nacional y, a través de su capacidad de estimulo y de equilibrio, puede y debe contribuir al crecimiento, aunque mucho nos tememos que en los recortes salariales y en la inversión pública no sean la forma más adecuada de hacerlo.

Por ello, aun coincidiendo con los objetivos, en el debate parlamentario hemos criticado el Presupuesto desde la triple perspectiva de su credibilidad, de su sostenibilidad y de su equidad.

Un Presupuesto, ante todo, tiene que ser *creíble* y basarse en hipótesis razonables. Pero en el Presupuesto del 97 hay razones para dudar de la credibilidad de muchas de sus pequeñas y grandes cifras.

Entre las grandes citemos, por ejemplo, el déficit de la Seguridad Social. El Gobierno lo estima en 0'2% del PIB, pero lo basa en hipótesis heróicas. Así, estima un crecimiento de los ingresos por cuotas de un 50% mayor que el crecimiento de la masa salarial, lo que implica una sobreestimación de ingresos del orden de 150 millardos. Por la parte del gasto espera que las pensiones crezcan la mitad que en los últimos años y que el gasto en incapacidad laboral disminuya 5 veces más que en 1996. Como no hay razones que justifiquen este optimismo, es de temer que el gasto esté infravalorado en 120 millardos, con lo que el déficit de la Seguridad Social sería el 0'5% del PIB. Nos gustaría que la realidad no confirmara nuestros temores, pero mientras tanto, creemos imprescindible afianzar el edificio financiero de la Seguridad Social, con las adecuadas aportaciones para pagar los complementos de mínimos de las pensiones más bajas.

Entre las pequeñas cifras, como botón de muestra, cabe preguntarse si es creíble disminuir un 20% el gasto en comedores escolares, o si se puede dividir por 4 el coste de las citaciones judiciales, sobre todo después de ver en qué ha quedado la fábula de los 5.000 altos cargos. Más bien parece que estas y otras muchas cifras reflejan un voluntarismo sin fundamentos, que abre demasiados interrogantes sobre la credibilidad del Presupuesto.

Pero es más difícil todavía creer que este Presupuesto sea *sostenible* en el tiempo, porque las medidas que lo equilibran no se pueden repetir y las que lo desequilibran son permanentes.

¿O es que en el 98 vamos a volver a vender las empresas rentables que ya habremos vendido, congelaremos otra vez los sueldos de los trabajadores del sector público, deterioraremos más la calidad de los servicios públicos, aumentaremos el endeudamiento de las empresas de servicio público y de la Seguridad Social hasta hacerlas inviables, volveremos a recortar la inversión comprometiendo la competitividad futura de nuestro territorio, demoraremos la aplicación de leyes progresistas en materias tan vitales como la educación y volveremos a posponer el cumplimiento de las directivas comunitarias de medio ambiente?

¿O aplicaremos otra vez un impuesto del 3% sobre los activos empresariales regularizados para compensar el coste anuel de su regularización?

¿Y con qué ingresos adicionales contaremos para compensar el coste creciente del nuevo sistema de financiación autonómica?

Conviene recordar que la Unión Económica y Monetaria es una carrera de fondo, y que no basta con correr el sprint para cumplir un solo año las exigencias del déficit, sino que hay que ser capaces de hacerlo de forma permanente.

Pero aunque la misma política presupuestaria se pudiera aplicar cada año, sería muy injusto hacerlo, porque este Presupuesto reparte de forma muy poco *equitativa* el esfuerzo de ajuste presupuestario.

El mejor ejemplo de esta falta de equidad es la combinación de las políticas fiscales y retributivas. A centenares de miles de trabajadores de rentas modestas: carteros, enfermeras, maestros, policías, etc..., se les congela el sueldo, mientras que a las grandes y rápidas plusvalías inmobiliarias o financieras, se le reduce la carga tributaria a menos de la mitad.

Tampoco es equitativo que los complementos de mínimos de las pensiones, los pague la Seguridad Social en mucha mayor proporción que hoy, porque sus afiliados no están obligados a un esfuerzo de solidaridad mayor que el común de los ciudadanos. Ni que el conjunto del gasto social crezca menos que el PIB, con la única excepción, miren ustedes por donde, del subsidio agrario.

Y tampoco es equitativo que la enseñanza pública sufra un severo recorte en becas, en inversiones, en comedores escolares y en funcionamiento de los centros, mientras la enseñanza concertada con centros privados sube un 4%.

Por todo ello, creemos que el Presupuesto que viene carece del rigor que enfáticamente se le atribuye, aumentará las desigualdades sociales y emprende un camino que difícilmente nos permitirá formar parte de la UEM en condiciones que no se paguen muy caras en términos de equidad y empleo.

SALARIOS Y SERVICIOS PÚBLICOS

El Periódico de Catalunya, 8.12.96

La congelación del salario de los funcionarios ha provocado masivas manifestaciones de protesta, como la de Barcelona el pasado domingo. Es una medida que afecta, de forma obvia y directa, a más de dos millones de personas, pero también a todos los ciudadanos en la doble condición de contribuyentes que pagan con impuestos sus salarios y de usuarios de los servicios públicos, cuya calidad depende de la capacidad y motivación profesional de quien los produce.

Ciertamente no es la primera vez que ocurre. Tanto en el Parlamento como en las calles de Barelona me han recordado que cuando el PSOE gobernaba también los congeló. Entonces el PP se opuso y ahora que es el PP quien congela, los socialistas se oponen. ¿Se trata del juego dialéctico por el cual la oposición, sea cual sea, se opone a lo que el Gobierno hace, sea lo que sea? ¿O hay razones que explican este cambio de posición? En mi opinión las hay y merecen ser explicadas.

En primer lugar, la situación era muy diferente. En 1993-94, la economía española, y la europea, soportaron la mayor crisis económica desde el fin de la Segunda Guerra Mundial. Como consecuencia de los altos tipos de interés derivados del proceso de reunificación alemana, y de la explosión del sistema monetario europeo, la renta nacional, el pastel a repartir, no sólo dejó de crecer sino que disminuyó un 1%. Ahora, en cambio, superada esa crisis, esperamos un crecimiento del 3%. Entonces, a un ritmo de 1.000

puestos de trabajo diarios, la crisis monetaria europea destruyó 400.000 en lo que fue un verdadero terremoto económico tan corto como intenso. Ahora, en cambio, el empleo crece y se prevé que crezca más en 1997. Entonces hizo falta destinar un billón de pesetas a pagar el seguro de desempleo de los trabajadores afectados por la crisis y, al mismo tiempo, reducir el déficit sin sacrificar demasiado la inversión. Ahora, en cambio, la bonanza económica que empezó en 1995 permite que con sólo 250.000 millones, cuatro veces menos, se pueda financiar el desempleo.

La segunda diferencia es más importante todavía. Cuando los socialistas congelamos una vez, y limitamos otra, el crecimiento de los salarios públicos, hicimos al mismo tiempo una política fiscal coherente con el esfuerzo que ello representaba para una parte de la población. Entonces suspendimos la aplicación del compromiso legislativo de bajar el tipo máximo del IRPF, aumentamos los pagos a cuenta de profesionales, revisamos el sistema de estimación de rentas empresariales y nos negamos a conceder las ventajas de la regulación de balances que exigía CiU. Ahora se toman medidas fiscales, en beneficio exclusivo de las rentas del capital y de la empresa, cuyo coste es muy superior a lo que se ahorra con la congelación.

Entonces, además, se abrió un nuevo proceso de negociación que concluyó en septiembre de 1994, en un acuerdo Administración-Sindicatos para el trienio 95-97, que ahora ha sido roto unilateralmente, sin ningún esfuerzo negociador previo. Por eso le pedía al Gobierno, en el debate Parlamentario, que se sentara a negociar, como tendrá que acabar haciéndolo, y que revisara su política fiscal para poder financiar un acuerdo salarial público sin aumentar el déficit.

Es cierto también que la palabra funcionario tiene, en nuestra psicología colectiva, connotaciones negativas. Mucha gente la asocia a la imagen del burócrata ocioso, con el empleo asegurado, atrincherado detrás de una ventanilla haciendo pajaritas de papel, indiferente a las preocupaciones de los administrados, como fue descrito hace un siglo por el «Vuelva usted mañana» de Larra. Es así porque así ha sido en la historia de un país cuya Administración ha estado más veces diseñada para dominar que para servir. Y ese tópico sobrevive, más fuerte que la realidad, cuando lo que hoy llamamos funcionarios son en su inmensa mayoría trabajadores de renta modesta, docentes, sanitarios, carteros, policías..., que prestan servicios vitales para nuestro bienestar individual y colectivo, y cuya dedicación a su oficio es muy aceptable, aunque existan, sin duda, en todas las adminsitraciones grandes mejoras de productividad por conseguir.

También es cierto que, en estos tiempos de paro y precariedad, la garantía de estabilidad es una ventaja que despierta el agravio y el recelo, y que esta garantía, imprescindible para el ejercicio de muchas funciones públicas, se ha extendido sin demasiadas razones a puestos de trabajo que no la requieren. Pero no es menos cierto que no todos a los que llamamos funcionarios lo son, que el 20% de los trabajadores públicos no son funcionarios y tienen condiciones de inestabilidad laboral nada reconfortantes, y que dos de cada tres ganan menos de 150.000 pesetas al mes.

Si queremos tener buenos servicios públicos hay que huir de una situación en la que los funcionarios se sientan minusvalorados en sus retribuciones frente a la empresa privada.

¿IMPUESTOS O PEAJES?

El Periódico de Catalunya, 27.12.96

Muchas veces me han preguntado: ¿esta autovía será gratuita o de peaje? Gratuita seguro que no, porque todo cuesta y alguien lo paga. La buena pregunta es: ¿la van a pagar los contribuyentes con impuestos o los usuarios con peajes?

Esta pregunta la hemos contestado en España de diferentes maneras en diferentes momentos y lugares, desde el túnel de peaje del Guadarrama en el 53, pasando por las grandes inversiones en autopistas de peaje (AdP) de los años 70 y el Plan de Carreteras 85-95, hasta la financiación privada que ahora propone el PP. El resultado es que hoy tenemos 7.000 km de autopistas y autovías, de las que 2.300 son de peaje.

Naturalmente, un inversor privado sólo construirá una AdP si cree que puede recuperar el coste de construcción y retribuir el capital invertido. Y esto, en un país como España, con la población muy concentrada y un relieve difícil, ocurre en pocos sitios. Por eso, las AdP se construyeron en zonas relativamente llanas y/o pobladas del Mediterráneo, Valle del Ebro y del Guadalquivir, País Vasco y Navarra o para salvar grandes obstáculos naturales como el Guadarrama o el Cadí.

En el resto del territorio hubo que esperar 15 ó 20 años, para desdoblar las viejas carreteras nacionales y construir autovías de nuevo trazado que muchas veces son mejores que una autopista, financiándolas en buena parte con fondos europeos.

Además, hay que saber que las AdP construidas antes de 1990, no se han pagado sólo con peajes, sino que los contribuyentes habrán tenido que pagar casi tanto como lo que ha costado construirlas. ¿Por qué y cómo? Porque cuando se construyeron, se autorizó a las concesionarias a endeudarse en moneda extranjera, garantizándoles que para devolver los préstamos y pagar sus intereses se les daría divisas al mismo cambio que las habían obtenido.

Naturalmente, en estas condiciones se endeudaron en la divisa con el tipo de interes más bajo, aunque tuviese el máximo riesgo de revalorización, porque este riesgo se lo cubrían los contribuyentes. Así, la inversión en AdP se pagó en dólares a 60 pesetas y se ha devuelto con dólares a 120 y 140 pesetas. La diferencia le ha costado al Presupuesto 450.000 millones, y todavía queda por pagar 210.000 más, correspondiente a la deuda pendiente de amortizar. Este coste limitó mucho, en los años 82-87, la inversión en el resto de la red de carreteras.

Disponer de autopistas, aunque sean de peaje y fuertemente subvencionadas, ha sido para los territorios que las han tenido, una ventaja excepcional para su desarrollo, mientras que los que no han tenido autovías hasta hace bien poco, o todavía no las tienen, han soportado limitaciones importantes. Hubieran preferido tenerlas aunque hubiesen sido de peaje, pero nadie se las hubiera construido porque su tráfico era demasiado débil para una autopista, aunque demasiado grande para una carretera convencional.

Pero los peajes son caros y no lo son más porque la diferencia de cambio la paga el contribuyente. La más barata es la de Montgat-Mataró, a menos de 7 pts/km, y las más caras son las de la Generalitat de Cataluña hacia Manresa y Sitges a 27 pts de media. Las de Acesa en Cataluña y las de Enausa en Galicia son las más baratas de España, a 10 pts/km de media y las de Andalucía, País Vasco, Navarra y Valencia, son un 50% más caras, a 16 pts/km.

Cara al futuro, habría que corregir el desequilibrio entre peaje y «gratuidad» para el usuario. Por supuesto, cuando acaben las concesiones y reviertan al Estado, el peaje debe suprimirse y financiar el mantenimiento con impuestos. Pero mientras tanto, ya que es utópico pensar en suprimir los peajes, hay que tratar de abaratarlos.

Una forma de hacerlo es prolongar el plazo de concesión a cambio de peajes más bajos y de más inversiones para aumentar la capacidad. Es decir, mantener el equilibrio financiero pagando menos durante más tiempo por un mejor servicio. Es lo que se hizo en Montgat-Mataró-Palafolls o en Burgos-País Vasco, con muy buenos resultados. Pero no se pudo hacer por falta de acuerdo en Sevilla y Valencia. Pero hay que tener cuidado, porque el equilibrio peaje-tiempo es difícil de calcular, sobre todo en plazos largos, como los 25 años más que ahora quiere dar el PP, que pueden ser un verdadero regalo a las concesionarias.

Hay otras soluciones. Por ejemplo, la futura autopista de la Costa del Sol tendrá un peaje más caro en vacaciones cuando hay un gran tráfico turístico, y más barato cuando se usa fundamentalmente por los residentes. Con Eurovías se pactó un sistema de abonos con importantes rebajas para usuarios habituales. En Francia han ensayado peajes más baratos los días laborables, que sería muy útil en Cataluña. Y por supuesto, hay que mejorar las rutas alternativas sin peaje, sobre todo para trayectos cortos, aunque esto no guste a las concesionarias. Es lamentable que ACESA se oponga a la construcción de la variante de Altafulla-Torredembarra, cuando el tráfico del eje Barcelona-Castellón no cabe en la autopista.

También se pueden bajar las cargas fiscales, como el IVA, que es lo más simpático, porque entonces se traslada el coste al contribuyente medio, que protesta menos. Los socialistas lo intentamos pero no fue posible porque no lo permiten las normas comunitarias que dicen cuánto IVA tiene que soportar cada servicio y cada producto. El PP prometió alegremente hacerlo pero, como ya les advertimos, no han podido aplicar esta rebaja en el Presupuesto del 97. Si no pueden bajar el IVA tendrían, para cumplir su alegre promesa, que subvencionar los peajes en la cantidad equivalente, unos 10.000 millones. Pero tampoco han previsto en el Presupuesto el dinero para hacerlo.

EUROPA, LAS PENSIONES, EL TRABAJO

La Vanguardia, 29.12.96

Hace algunos años, hubiésemos pensado que nuestros hijos llegaban tarde a un mundo ya viejo. Ahora quizá lleguen demasiado pronto a un mundo demasiado nuevo, cuyo futuro está lleno de interrogantes que representan, a la vez, grandes oportunidades y graves riesgos.

El siglo que acaba terminó ya con el hundimiento del muro de Berlin y el rumbo del próximo depende críticamente de la encrucijada de Maastricht. Entre tanto, nuevas oleadas tecnológicas suprimen las distancias y las fronteras, Oriente se ha despertado y Occidente parece condenado a escoger entre la peste del paro europeo, masivo y subsidiado, y el cólera del empleo pobre y precario americano. Nuestra sociedad de clases medias teme al futuro porque no sabe si podrá llegar trabajando hasta la jubilación y si el sistema de pensiones aguantará lo que dure su creciente esperanza de vida. Y este temor hace que el ahorro aumente y el consumo se retraiga, y con él la inversión y el empleo. Parece que hayamos olvidado que si ahorramos para invertir, invertimos para poder consumir.

Ciertamente, no es el fin de la historia, como proclamaron, ante los cascotes de Berlín, en un momento de exaltación ideológica, los gurús del Pentágono. De nuevo, casi todo está por construir, y entre la efervescencia autonómica y la irrenunciable construcción europea, muchos son los caminos entre los que habrá que escoger.

Por eso, nunca como ahora, ha sido tan necesaria la lucidez social, para poder desentrañar la complejidad de un mundo en el que perseguimos objetivos a veces contradictorios, y evitar que la democracia se reduzca a escoger entre carismas personales construidos a golpe de populismo mediático.

Quizá podamos contribuir a ello los que hemos tenido el honor de ejercer, con errores y aciertos, importantes responsabilidades públicas, y pretendemos volver a hacerlo. Con esta intención me propongo asomarme, de vez en cuando, desde las páginas de este periódico, a un futuro que se apoyará, en mi opinión, sobre tres vigas maestras: la construcción de Europa, la transferencia de renta entre generaciones y el trabajo como factor, no sólo de producción, sino de integración social.

Permítanme unas pinceladas sobre cada uno de estos temas, necesariamente breves y voluntariamente provocadoras.

En primer lugar, deberíamos tener claro que el proceso la construcción de la Unión Económica y Monetaria de Europa (UEM) es un acto de voluntad política, o no será nada. Los economistas nos expondrán un amplio catálogo de las ventajas e inconvenientes de la moneda única, pero de ellas será imposible sacar una conclusión teórica clara.

Y sin embargo, hay que hacer la moneda única y hacerla cuanto antes, porque, aunque suene brutal, se trata, pura y simplemente, de evitar el retorno de la guerra en Europa. Para eso hace falta una unión política de la que la moneda única es, o debe ser, el primer paso. Y si los alemanes acaban renunciando a su querido marco sobre el altar de la construcción europea es porque sus actuales dirigentes esperan fundir el poder de Alemania en un conjunto político más amplio desde el que poder ejercer su influencia sin levantar la inquietud de sus vecinos.

¿Cómo llegar a este objetivo? El camino de la convergencia parece una carrera de obstáculos que los ciudadanos no entienden bien y que se percibe de distinta manera desde la derecha y la izquierda europeas. Sintetizando mucho, parece como si hoy en Europa, desde lo que podemos llamar la derecha, los que están a favor del mercado y sólo del mercado, aplauden los medios de la convergencia (reducir la inflación, ajustes estructurales, rigor presupuestario, privatizaciones, etc...) pero no les entusiasma tanto el fin que se persigue (la moneda única). Si no se consigue, no pasa nada, porque creen que también es bueno, que haya competencia entre monedas. Y tampoco les enardece el fin último de la UEM, que debe ser la convergencia económica real de los países menos desarrollados con los más ricos.

En cambio, desde la izquierda europea, el entusiasmo por los fines es grande, pero hay no pocas reticencias sobre los medios, con los que no todo el mundo está de acuerdo y sobre cuyos efectos negativos a corto plazo hay dudas razonables. Hasta la OCDE se pregunta si un descenso rápido y simultáneo de los déficits públicos en Europa, que son, a fin de cuentas, un componente de una demanda ya débil, no puede representar un riesgo de recesión.

Pero esta dualidad de enfoque no debería alargar la fase transitoria, que produce inestabilidad y da demasiadas oportunidades a la especulación de los mercados. Si Europa es tan importante como decimos, no la deberíamos dejar al albur de las coyunturas económicas ni al humor de los mercados financieros. Y tampoco la deberíamos construir coja: frente al poder monetario del Banco Central Europeo debería haber algo parecido a un gobierno federal europeo, si no queremos que se agraven los problemas de coordinación entre las políticas económicas que hemos sufrido en el pasado.

Europa no es la causa del paro. Pero el avance en la construcción europea ha sido incapaz de evitar el incremento de lo que es nuestro más grave problema. El crecimiento económico sólo, tampoco lo resolverá. Será imprescindible organizar y reducir el tiempo de trabajo para que todo el mundo tenga la oportunidad de integrarse plenamente en la sociedad. A eso le llamamos a veces reparto del trabajo, y hacemos mal en llamarle así, porque da la impresión de que existe una cantidad fija y limitada de trabajo que hay que repartir como una tableta de chocolate en una fiesta de cumpleaños.

Y no es así, en realidad se puede cambiar dinámicamente la cantidad de trabajo que requiere el sistema productivo y eso depende de muchas cosas. Pero hoy el trabajo es un bien escaso y cada vez que se proclama, desde la cultura que mamamos en nuestra infancia, que hay que trabajar más, surgen cientos de miles de gritos angustiados que dicen sí, de acuerdo, pero dígamos dónde.

Hemos inventado procedimientos para repartir la renta de forma distinta a cómo lo hace el sistema productivo. Y en la práctica hay, cada día, un reparto del trabajo. Claro que lo hay, y en este reparto, ineficiente, brutal, injusto, a muchos no les toca nada. Por eso debemos ser capaces de imaginar formas de reparto de la renta y del trabajo, las dos a la vez, como las dos caras de una misma moneda, para evitar instalarnos en una sociedad dual en la que unos trabajan y otros no y los que lo hacen pagan impuestos para garantizar la subsistencia biológica de los que no podrán hacerlo.

La tercera gran cuestión es el reparto de renta entre generaciones a traves del sistema de pensiones. El debate en torno a la viabilidad de un sistema público de reparto y las pretendidas ventajas de uno privado de capitalización, está candente. Es un tema complejo que se aborda a veces con demasiado oportunismo y poco rigor desde posiciones interesadas, porque casi todas las voces alarmistas que vaticinan la quiebra del sistema público de pensiones entán pagadas por algún Banco, que son los competidores del sistema de Seguridad Social en la administración del ahorro. El sistema financiero, en España y en Europa, tiene el máximo interés en sembrar toda clase de dudas sobre la viabilidad del sistema público de pensiones y a veces lo hace sin vergüenza ni pudor y otras revistiéndose del ropaje de la ciencia.

¿Pero cuánto nos gastamos en pensiones? El 9% del PIB. ¿Es mucho o poco? Es lo que se gastaba Alemania hace 20 años y el 20% del gasto público actual. En un país que tiene una presión fiscal 7 puntos menor que la europea, ¿es inviable mantener este sistema? Recordemos el cálculo del interés compuesto: si la economía española crece en los próximos 25 años a un 2'5% anual, nuestra riqueza se habrá multiplicado por dos. En cambio seremos más o menos la misma gente. Y si el mismo número de gente dispone del doble de riqueza, el problema para pagar las pensiones no es de viabilidad financiera, sino de tener o no la voluntad política para distribuirla adecuadamente.

Como ven, he hablado muchas veces en esta líneas de voluntad política, que es tanto como decir ambición colectiva. Porque creo que no deberíamos resignarnos a soportar el futuro sino que deberíamos imaginarlo primero para poder construirlo después.

BENEFICIO CONTRA LA SALUD

El Periódico de Catalunya, 13.01.97

La Comisión del Parlamento Europeo que ha investigado la enfermedad de las vacas locas concluye que se hizo más caso a los intereses de los productores de carne que a la protección de la salud pública. Su informe alerta del peligro que representa la búsqueda a ultranza del beneficio, sin una autoridad que controle el mercado a escala europea.

Recordemos que, para reducir los costes de producción, se sustituye el forraje vegetal por harinas de los restos de carne y hueso de los animales sacrificados. Y aunque se sabía, desde 1988, que estas harinas transmitían el agente infeccioso de las vacas locas y se podía producir el contagio humano, no se hizo caso de las advertencias científicas para no afectar a un poderoso sector económico. Aunque se prohibieron, esas harinas se siguieron exportando y no se efectuaron controles en los mataderos. Hubo que esperar a marzo del 96, diez años después del primer caso de esta enfermedad, para que sonasen todas las alarmas ante la gravedad de los contagios humanos.

No es la primera vez que la carrera hacia la competitividad en un mercado sin reglas ni controles se salda con vidas humanas. La Europa que queremos construir debería servir para evitarlo.

INVESTIDURA Y DESPEDIDA

El Periódico de Catalunya, 22.01.97

Con su discurso de investidura, el Presidente de los EEUU, Bill Clinton, acaba de inaugurar su segundo mandato, confortablemente instalado en una posición de centro derecha y vigilado por un Congreso con mayoría republicana.

Durante el primer mandato, Clinton se apoyó en dos hombres clave, ambos viejos compañeros de estudios, el vicepresidente Al Gore y el Secretario de Estado de Trabajo, Robert Reich. Ahora, mientras Gore suena ya como el próximo candidato a la Presidencia, Reich dimite y vuelve a la Universidad.

En su discurso de despedida, Reich ha vuelto a señalar el mayor problema que tienen hoy los EEUU: la desigualdad, el abismo cada vez mayor entre ricos y pobres que ha marcado a fuego la estructura social americana, y también la inglesa, desde el inicio de la era Reagan-Thatcher.

En efecto, el 1% de los americanos más ricos ha recibido el 62% del incremento de la riqueza nacional producida desde 1982 mientras que el 80% más pobre se ha tenido que conformar con menos del 2%. En ese período, la renta del 10% más pobre de la población ha disminuido un 20% y la del 10% más rico ha aumentado un 22%. El salario horario medio ha bajado un 13% y la relación entre las retribuciones del obrero y del empresario es cinco veces mayor que a finales de los 70. En términos de patrimonios financieros la diferencia es todavía más abismal, porque el 1% de la población es propietaria del 50% y al 80% más pobre solo le pertenecen el 6%.

Estos datos reflejan un problema que, más que económico, es ya de modelo de sociedad y que sólo podrá ser resuelto por una acción política que se enfrente a los efectos de los avances tecnológicos y de la integración en una economía globalizada, que tienden a penalizar a los menos formados y capaces. El crecimiento y el dinamismo económico solos, no lo resolverán , como R. Reich advierte en su despedida.

Es cierto que la economía americana está hoy creando más empleo que nunca, 260.000 en Diciembre pasado, y más de 10 millones netos desde el fin de la recesión de 1991, a pesar de que cada año se han destruido 3 millones de puestos de trabajo.

Pero, si bien el 75% de los trabajadores que perdieron su empleo han encontrado otro, no es menos cierto que 2 de cada 3 tienen ahora un salario más bajo. Por ello, frente a los que creen que el dinamismo de una economía desregulada es suficiente para evitar el crecimiento de las desigualdades, Reich insiste de nuevo en la necesidad de un enorme esfuerzo de formación para evitar que el necesario reciclaje de los trabajadores se salde con su creciente depauperación.

Y el problema es tanto más grave cuanto que la duración de la jornada de trabajo tiende a aumentar, (un obrero americano trabaja en media 400 horas más al año que su colega alemán), que la cobertura del desempleo es muy débil y representa solo entre el 20 y el 40% del último salario, que el sistema de pensiones es muy precario (salvo para los directivos) y el seguro de enfermedad pública más débil todavía. En palabras del propio Presidente Clinton, «EEUU es el primer país occidental industrializado que no tiene un sistema de salud pública que cubra a todos los trabajadores de menos de 65 años». Aunque ello no le impidió, en otoño pasado, firmar una Ley que aumentaba la precariedad de 5 millones de personas acogidas a la asistencia social, y que fue presentada como una revisión histórica de la forma de la sociedad americana de luchar contra la pobreza. Todo ello acaba minando a una sociedad, rompiendo su cohesión y vaciando de sentido a las estadísticas del paro. Así está naciendo, en el seno del primer mundo desarrollado, un cuarto mundo de excluidos, que hasta la OCDE reconoce cuando dice: «En el Reino Unido, las desigualdades entre ricos y pobres son las más importantes del mundo occidental, comparables a las de Nigeria, y más profundas que las que se encuentran en Jamaica o Ceilan»!! Y, como se sabe muy bien, los ciudadanos desprotegidos, excluidos, marginados, son incapaces de utilizar sus libertades políticas formales y de hacer valer sus derechos.

Hay que tener bien presente esta situación cuando se nos habla de las grandes ventajas del modelo social americano, basado en la flexibilidad del empleo y la minimización de la protección social. Y nos lo acaba de recordar un hombre que conoce mejor que nadie el problema y que había criticado en numerosas ocasiones el comportamiento de las empresas americanas por su forma de «desengrasar», es decir, por despedir de forma masiva para garantizar sus beneficios, un procedimiento de cuya efectividad a medio plazo dudan hoy hasta los propios responsables empresariales.

A fin de cuentas, lo que ahora está en peligro, y a lo que se enfrenta Clinton en su segundo mandato, es la noción misma del contrato social que ha caracterizado a las democracias occidentales durante medio siglo y que debe replantearse a escala planetaria como respuesta a la mundialización de la economía y la concentración del capital. Una respuesta que habrá que buscar entre el discurso de despedida de Reich y el de investidura de Clinton II.

Una grave acusación

El Periódico de Catalunya, 3.02.97

Un país democrático no puede vivir con la sospecha de que el partido político que gobierna utiliza a la Administración Tributaria para favorecer a unos o perjudicar a otros, destruyendo, en la práctica, la igualdad de los ciudadanos ante la Ley. Y de algo tan grave es de lo que el Sr. Aznar ha acusado a los socialistas.

Una Administración Tributaria, enfrentada a muchos y complicados casos de fraude, puede tener más o menos medios y hacer las actas de inspección más o menos deprisa. Pero el problema, tal y como lo ha planteado el PP, no es éste. El problema es si los responsables políticos han provocado estos retrasos de forma voluntaria y selectiva, haciendo que algunos expedientes, los de sus amigos, se guardaran en un cajón, mientras los demás seguían su ritmo normal, para conseguir que unos pagaran y otros no.

Afortunadamente, aunque ésta hubiera sido la voluntad de los gobiernos socialistas, esto no puede ocurrir, porque la Administración Tributaria está formada por profesionales competentes y responsables, sin cuya colaboración es imposible que 600 expedientes se traten de forma favorable y distinta a los demás.

Es muy triste que para destruir al adversario político, se esté dispuesto a destruir también la confianza de un país en algo tan importante como la honestidad y neutralidad de sus administradores fiscales, como si España fuera el peor de los países del tercer mundo.

Ideología y pactos en el presupuesto del 97

El Siglo, 4.02.97

Con el Presupuesto del 97 hemos empezado la última etapa del camino hacia Maastricht. Pero el Presupuesto que era necesario hacer para converger hacia la UEM de forma socialmente equilibrada, era incompatible con los apoyos que el Sr. Aznar tenía que pagar.

Apoyos del mundo empresarial y financiero, recompensados generosamente con rebajas fiscales inasumibles para la Hacienda Pública, y apoyos parlamentarios de los grupos nacionalistas recompensados con un nuevo sistema de financiación y nuevas transferencias competenciales.

Lo primero no nos sorprende, es coherente con la concepción política del PP y con los intereses de los grupos y clases sociales a los que representa prioritariamente. No debe pues sorprendernos que apliquen una combinación tan regresiva de políticas fiscales y salariales. Han sido coherentes consigo mismos diciéndoles a 2 millones de trabajadores que ganan menos de 130.000 ptas. al mes que no se pueden actualizar sus sueldos y, al mismo tiempo, dividir por cuatro la tributación de las plusvalías bursátiles que se van a producir en la euforia con la que la Bolsa saluda sus medidas fiscales antes de que la burbuja explote.

Pero, en cambio, ha sido sorprendente su extrema capacidad para hacer de la necesidad virtud en materia de financiación autonómica, aunque muchos de los charcos en los que se han metido para conseguir los votos de sus socios nacionalistas, se los podían haber ahorrado porque ni siquiera se los habían pedido. El resultado es que han agravado el desequilibrio presupuestario sin equilibrar el sistema de financiación autonómica, han provocado una escalada sin fin de reivindicaciones y han demostrado que el Sr. Aznar era bien capaz de adaptarse a las exigencias del guión que le dictan.

Pero deberían tener cuidado, porque aunque se puedan cambiar de sitio los muebles del sistema fiscal, no se puede andar cambiando de sitio, sin planos, las vigas maestras del sistema autonómico, en función de las coyunturas parlamentarias.

Pero, más allá de los pactos con el capital y los nacionalismos y de su reflejo en la compleja arquitectura presupuestaria, de su montaña de cifras, y de sus miles de enmiendas, es necesaria una valoración ideológica de estos Presupuestos. Si el PP congela los sueldos de los trabajadores públicos, cercena de raíz el gasto de funcionamiento de los servicios públicos, privatiza a go-go, sueña con presas de peaje, suspende la aplicación de la LOGSE y aumenta las subvenciones a los centros privados es porque, más allá de las necesidades de ajuste, desprecia lo público.

El PP cree que el crecimiento económico está limitado por unos sistemas de protección social demasiado solidarios y por unas pretensiones igualitarias que no son posibles en el mundo de hoy. Cree que los impuestos, cualquier impuesto, desaniman a las iniciativas individuales y que las prestaciones sociales fomentan el paro. Es decir, cree que la protección social y la intervención pública son intrínsecamente perversas.

Y su Presupuesto actúa, en consecuencia, reduciendo las políticas de igualdad, debilitando los servicios públicos, aceptando que las desigualdades aumenten, como algo inevitable, para poder continuar creciendo, a condición de que algunas categorías sociales acepten empobrecerse, al menos transitoriamente.

En el fondo, nos proponen recorrer la historia marcha atrás, hasta el Estado liberal previo al new-deal de Roosvelt. Nos proponen que desconstruyamos lo social para entregarnos completamente al mercado, a cambio de la promesa del crecimiento y de las grandes euforias bursátiles, pero sin ninguna perspectiva para la cohesión social.

Para los socialistas, en cambio, el gasto público y el impuesto que lo financia, son el reflejo de un contrato social de largo plazo, y el Preuspuesto es, debe seguir siendo, el último refugio de los instrumentos de la igualdad: la educación, la salud, la lucha contra la pobreza, la investigación, la movilidad, la vivienda, ...

Y no debemos renunciar a ello, porque si renunciamos a lo que queda de solidario en nuestra sociedad, prepararemos un mundo aún más implacable.

Sobre la supuesta amnistía fiscal

Fundación Sistema, 10.02.97

Un país democrático no puede vivir con la sospecha de que su Administración Tributaria es utilizada de forma sectaria por el Gobierno de turno rompiendo, en la práctica, la igualdad de los ciudadanos ante la Ley. Y de algo tan grave es de lo que el Sr. Aznar ha acusado al anterior gobierno socialista, denunciando que unos 600 expedientes fiscales se habían tramitado de forma que sobrepasaran los plazos máximos previstos para la liquidación de las deudas tributarias, causando a la Hacienda Pública un perjuicio de 200.000 millones de pesetas.

Si esto hubiera ocurrido, España sería la más bananera de las repúblicas y su Administración el más deleznable patio de monipodio. Pero, afortunadamente, es imposible que algo así pueda ocurrir, porque para ello hacía falta la colaboración expresa de los funcionarios de la Administración Tributaria, que nunca se hubiesen prestado a ello. Al contrario, lo hubiesen denunciado y evitado.

Es pues infantil la actitud maniquea de los responsables del PP de lanzar una acusación de este alcance y pretender limitarla a los responsables políticos del Gobierno socialista, exonerando de toda responsabilidad a los funcionarios de la inspección y gestión tributaria.

Es evidente que ni el Ministro ni el Secretario de Estado de Hacienda intervienen personalmente en la tramitación de un expediente fiscal, y mucho menos pueden hacerlo en 600. ¿Podrían dar instrucciones para que la Administración actuase de esa forma discriminatoria? Podrían, pero si lo hiciesen, no solo no serían obedecidos, sino que serían denunciados. Tengan pues confianza los ciudadanos, porque sin la colaboración activa, extensa y consciente de la Administración, los responsables políticos no pueden llevar a la práctica tan turbios manejos y, afortunadamente, nuestros funcionarios son demasiado profesionales, demasiado responsables para que a nadie se le ocurra intentar que lo hagan. Es lo que le han recordado al Sr. Rato las asociaciones de inspectores, diciéndole que la duración de la tramitación de los expedientes fiscales no responde en ningún caso a instrucciones políticas. Es la segunda vez que los funcionarios de Hacienda le enmiendan la plana al Ministro, corrigiendo sus calumniosas declaraciones. La primera, conviene recordarlo, fue cuando el Sr. Rato aseguró que la Intervención General del Estado había descubierto un «agujero presupuestario» y le había urgido a que actuara para corregirlo, lo que fue desmentido rotundamente por las asociaciones de interventores.

Entonces, ¿qué ha pasado? ¿Ha habido retrasos? ¿Han afectado de forma especial a algunos contribuyentes? ¿Con respecto a qué norma se miden los retrasos? ¿Qué efectos tienen? ¿Se han perdido definitivamente 200.000 millones de pesetas por prescripción de actas liquidadas?

La Comisión de Investigación Parlamentaria, creada al efecto, aclarará estos y otros extremos, pero conviene conocer el proceso de la actuación fiscal para entender y valorar lo ocurrido, sin interpretaciones conspirativas y calumniosas.

Las irregularidades tributarias prescriben a los cinco años. Cuando se inicia una inspección, se detiene el paso del tiempo a efectos de la prescripción. Pero el Reglamento de la Inspección establece, desde 1986, que si la inspección se interrumpe durante más de 6 meses, vuelve a correr el tiempo para calcular el plazo de prescripción. Cuando el inspector levanta una acta, si el contribuyente no está de acuerdo con ella, es supervisada por una Oficina Técnica (lo que, a fin de cuentas, no es sino una garantía para el contribuyente), que acaba produciendo una liquidación, que puede ser recurrida ante los Tribunales.

Sobre este proceso se ha planteado una discrepancia jurídica que está en la raíz del problema: ¿el proceso de inspección, incluye o no el período en que un acta es objeto de supervisión en la Oficina Técnica? La Administración Tributaria siempre entendió que el proceso de inspección acaba cuando se levanta el acta, pero algunos contribuyentes recurrieron a los Tribunales argumentando que también debía incluir el período durante el cual la Oficina Técnica la supervisaba y la liquidaba. Distintos Tribunales se pronunciaron de forma diferente sobre este contencioso, que llegó hasta la Audiencia Nacional y de ésta al Supremo.

La propia Audiencia cambió su criterio y después de haber fallado en Julio del 94 a favor de la Administración Tributaria, en Noviembre de ese año opina lo contrario y establece que el tiempo de supervisión y liquidación de las actas en la Oficina Técnica, también computa a efectos del plazo máximo de seis meses que limita la interrupción de la prescripción. El Tribunal Supremo en una reciente sentencia, confirmó este criterio, pero éste no tendrá carácter general hasta que se produzca, si se produce, una segunda sentencia del Supremo que siente jurisprudencia.

Se trata pues de un problema jurídico-administrativo y no de una actuación política del Gobierno a favor de unos contribuyentes que se supone son sus «amigos». Los expedientes, sean los que sean y de quien sean, tardan más o menos en función de su complejidad y no de que hubieran sido seleccionados para tratarles de forma beneficiosa y distinta a los demás, como insinúan, ahora que ya no se atreven a afirmarlo, los portavoces del Gobierno y del Grupo Parlamentario del PP.

La Comisión de Investigación Parlamentaria, creada al efecto, analizará los plazos de tramitación de los expedientes afectados en función de su complejidad y de la relación entre la carga de trabajo de la Administración fiscal y los medios con los que cuenta, que todavía no son, sin duda, los necesarios para asegurar el adecuado cumplimiento de las obligaciones tributarias en España y demostrará que las acusaciones que ha lanzado el PP no son sino una burda patraña más de su lamentable actitud de oposición de la oposición.

Escribo estas líneas, no para defender mi gestión como Secretario de Estado de Hacienda hasta marzo de 1991, sino para salir al paso de las calumniosas acusaciones vertidas contra los responsables socialistas de la Hacienda Pública que me sucedieron. Y también para expresar mi tristeza porque, con tal de dañar al adversario político, no se tenga ningún escrúpulo en destruir la credibilidad que el ciudadano debe tener en su Administración Tributaria.

Publicidad engañosa

El País, 13.02.97

En Octubre pasado, la prensa andaluza publicaba grandes anuncios, pagados por el PP, con el título: «La verdad que el PSOE no dice». Según esos anuncios, Andalucía perdería 476.000 millones si el gobierno del Sr. Chaves, obedeciendo las órdenes de Ferraz, no aceptaba el pacto de financiación autonómica PP-CiU, cuyos efectos, tan favorables para Andalucía, pretendían ocultar los socialistas.

Al mismo tiempo, por primera vez en la historia de la Hacienda democrática, el Presupuesto del 97 omitía la financiación correspondiente a cada Comunidad, limitándose a recoger una cifra global para todas ellas, sin ninguna explicación de su origen ni de los efectos del nuevo sistema.

Desde la tribuna del Congreso, en el debate presupuestario, mostré esos anuncios al Sr. Aznar para decirle que suprimir del Presupuesto la financiación que corresponde a cada Comunidad, y contarla en anuncios pagados en los periódicos, era una curiosa manera de convertir al Parlamento en el centro de la vida política, como retóricamente había prometido en su campaña electoral.

Pero, como ha quedado demostrado en la reciente Comisión Mixta entre Andalucía y el Gobierno del PP, esos anuncios constituian un caso extraordinario de publicidad engañosa. Era evidente que esa cifra no podía ser cierta: si Andalucía, que representa aproximadamente el 28% de la participación de las CC.AA en los ingresos del Estado, obtiene 476.000 millones adicionales, y se garantiza que ninguna Comunidad va a ganar menos del 90% de la que más gane, el coste del nuevo sistema no puede ser inferior, en ningún caso, a 1'57 billones, lo cual es absolutamente fantasioso, incompatible con el control del déficit público y con cualquier posibilidad de cumplir las exigencias de Maastricht.

Por eso, cuando los representantes del Gobierno andaluz acudieron a la Comisión Mixta a firmar, sin dudarlo, un acuerdo que tuviese las consecuencias prometidas en los anuncios, el Ministro para las Administraciones Públicas sufrió un ataque de amnesia total y no pudo recordar nada de lo que en Octubre se prometía a Andalucía en grandes letras de molde.

Lamentablemente, el debate presupuestario acabó sin poder conocer las consecuencias del pacto PP-CiU sobre la financiación de cada Comunidad. Pero quien sí debe saberlo, es el Sr. Pujol, que hace poco declaraba que el acuerdo aportaba a Cataluña 194.000 millones adicionales. Es una cifra menos exuberante que la de los anuncios del PP en Andalucía y quizá deberíamos creerle, al menos mientras nadie del Gobierno le desmienta. Pero, una vez más, lo que se cuenta se estrella contra la lógica aritmética y la realidad de los comportamientos políticos. Puesto que Cataluña representa el 20% de la participación del conjunto de las CC.AA en los tributos del Estado, teniendo en cuenta las cláusulas de salvaguardia acordadas, el nuevo sistema debería generar para Andalucía un incremento mínimo de 245.000 millones que, aunque solo es la mitad de lo anunciado, es una cantidad muy respetable que los Consejeros de Andalucía hubieran hecho bien en aceptar, pero que el Sr. Rajoy no les pudo ofrecer. Quizá porque sabía, aunque no pudiera desmentirle, que tampoco era cierta la cifra que el Sr. Pujol anunciaba para Cataluña.

No pueden, obviamente, desmentir al Sr. Pujol, pero después de la Comisión Mixta con Andalucía, el Gobierno del PP, «además de reconocer la extraordinaria falsedad de su publicidad de Octubre», tiene que escoger: o Pujol no cuenta la verdad o su acuerdo discrimina gravemente a Andalucía.

Así, la dinámica política puesta en marcha por el PP en materia de financiación autonómica empieza a ser más preocupante que regocijante. Ya se sabe que, desgraciadamente, la coherencia no es la virtud que más se practica en política, pero conviene no rebasar ciertos límites a la hora de hacer de la necesidad virtud, si no se quiere caer en el ridículo. Hemos visto al Sr. Fraga recurrir al Tribunal Constitucional la cesión del 15% del IRPF y al Sr. Arenas proclamar que esa cesión era una traición a Andalucía, y ahora les vemos romperse las manos aplaudiendo la cesión del 30%...

Intelectualmente hablando, no se puede estar en contra de la cesión del 15% y a favor de ceder el 30%. No hay, en cambio, incoherencia lógica en estar a favor del 15 y en contra del 30, porque se puede estar de acuerdo en ceder a las Comunidades Autónomas una parte del IRPF recaudado en su territorio para tomar en cuenta su esfuerzo fiscal e involucrarlas en la aplicación efectiva de los impuestos, pero al mismo tiempo opinar que un 30% es una ponderación excesiva de esos factores.

En mi opinión, ceder el 30 en vez del 15, no plantea un problema conceptual mayor, puesto que no es sino una forma de introducir y cuantificar el concepto de esfuerzo fiscal recogido en la LOFCA, ni tiene las consecuencias desmesuradas que le atribuyen el Sr. Pujol en sus declaraciones y el PP en sus anuncios. En realidad, el resultado para cada Comunidad, dependerá de la diferencia entre el ritmo de crecimiento de la recaudación por IRPF en su territorio y el de la recaudación global del sistema tributario en el conjunto del Estado, y tal como el PP está desmantelando la progresividad del IRPF, está por ver cuáles serán sus efectos sobre las Comunidades más desarrolladas.

Por el momento, después de las Comisiones Mixtas que se van celebrando con cada Comunidad, está cada vez más claro que PP y CiU han prodigado un conjunto de afirmaciones que no pueden ser simultaneamente ciertas, como no podía serlo que todos ganaran más que los demás y que el sistema no tuviera coste.

En particular, las declaraciones del Sr. Pujol y los anuncios pagados por el PP son incoherentes con las virtudes del pacto que cada uno ha contado a sus electores. Si ambas cifras fueran ciertas, el pacto PP-CiU sería muy malo para Cataluña. Si aceptamos que lo de los anuncios es una burda falsedad (una más), y nos creemos el recuento de dividendos que de sus pactos hace el Sr. Pujol, el Gobierno del PP hubiera debido llegar a un acuerdo con Andalucía, rebajando a la mitad sus promesas anunciadas en Octubre. Pero no lo ha hecho y por algo será.

Finalmente, la tercera posibilidad es que tampoco sea cierto lo que el Sr. Pujol dice, y sigamos todavía sin conocer una estimación razonable de las consecuencias del pacto PP-CiU en la que ambos puedan coincidir y explicar de forma coherente a todas las CCAA. Y si no la conocemos, no es porque los socialistas oculten la verdad, sino porque el PP ha emprendido, a golpe de improvisación, ocultación, confusión e imposición un camino cuyo horizonte es cada vez más preocupante.

DEL DICHO AL HECHO

El Periódico de Catalunya, 13.02.97

La coherencia no es, desgraciadamente, la virtud que más se practica en política, pero pocas veces un Gobierno habrá recorrido, en tan poco tiempo, un trecho tan grande entre sus dichos y sus hechos.

La cesión del 15% del IRPF era vender España a plazos al mercader Pujol, inconstitucional y una traición a Andalucía. Pero ceder el 30% es muy bueno para todos y el Sr. Pujol es un gran hombre de Estado.

El PER era la sopa boba con la que se compraban los votos del sur perezoso. Pero, en vez de suprimirlo, se aumenta un 15% en un año de lluvias, que es cuando menos falta hace. El Ministro de Trabajo es también candidato a la Junta de Andalucía, pero eso es pura casualidad.

En el Presupuesto, votan en contra de subir el IVA a los decodificadores. Pero en Enero lo suben por Decreto-Ley porque es extraordinariamente urgente y necesario. Adivinen qué ha pasado entretanto.

Pero la última es la más gorda. El Gobierno acaba de nombrar Director de TVE a un destacado y combativo Diputado del PP. Debe ser para cumplir a rajatabla lo que decía Aznar en las pasadas elecciones: «para garantizar la neutralidad de TVE pondré a su frente a un independiente, y por eso no será nunca un Diputado ni militante del PP».

CÍRCULOS DE VICIO Y VIRTUD

La Vanguardia, 14.02.97

El incremento del paro, que ya alcanza el nivel más alto desde 1933, plantea serias dudas sobre la posibilidad de que Alemania cumpla el objetivo de déficit público que impuso en Maastricht.

Al mismo tiempo, los dirigentes de los países del G-7 reunidos en Berlín, constatan la debilidad de la recuperación económica europea y se preocupan por los efectos sobre el crecimiento y el empleo del ajuste presupuestario que se va a aplicar, de forma simultánea, en países que representan el 50% la economía mundial.

Esta situación pone de relieve la existencia de interpretaciones contradictorias sobre la relación, a corto y medio plazo, entre déficit público y crecimiento en Europa.

La interpretación dominante es que los déficits públicos europeos han sido los responsables de los altos tipos de interés y que para recuperar el crecimiento es necesario reducirlos, para que bajen los tipos y con ellos el excesivo ahorro de las familias.

Es cierto que una política presupuestaria expansionista, en situación de pleno empleo de las capacidades de producción, puede provocar inflación y altos tipos de interés. Pero, desde 1991, el crecimiento de la economía europea no está bloqueada por factores de oferta, sino por la falta de dinamismo de la demanda. En estas circunstancias, el déficit público no habría hecho sino compensar el exceso de ahorro de las familias y el insuficiente endeudamiento de las empresas. Por otra parte, no parece que los gobiernos europeos, en su conjunto, hayan seguido una política presupuestaria expansiva, más bien al contrario, porque los déficits públicos en Europa en 1995 habían descendido al 5% del PIB, desde el 6'5% alcanzado en 1993.

En 1977 la mayoría de los países europeos van a reducir fuertemente sus déficits, tanto para cumplir con los criterios de Maastricht, como para evitar la desconfianza de los «mercados» financieros que, en el mundo globalizado de hoy, ven en el déficit público, en cualquier déficit, un síntoma de laxismo y anuncio de futura inflación y depreciación monetaria. Para calmar su desconfianza, los Bancos Centrales han tenido que aumentar los tipos de interés reales hasta situarlos, a veces, por encima de la tasa de crecimiento de la economía, lo que es una terapia de efectos letales para el control del déficit público.

Pero cada vez se pregunta más gente si el «círculo virtuoso» que consiste en bajar el déficit para que baje el tipo de interés, para que aumente la inversión y el empleo y así disminuyan los gastos sociales, crezca la actividad y el consumo y, en consecuencia, aumenten los ingresos fiscales y así baje todavía más el déficit, es realmente «virtuoso», o más bien puede producirse un círculo «vicioso», por el cual, políticas presupuestarias muy restrictivas, aplicadas a la vez por todos, debiliten la demanda y disminuyan el crecimiento, lo que reduzca los ingresos fiscales y aumente los gastos sociales compensatorios, incrementando el déficit y generando una espiral deflacionista.

Es difícil saber cuánto «vicio» y cuánta «virtud» pondrán en juego los ajustes presupuestarios previstos en casi todos los países europeos. A corto plazo, tendrán un efecto depresivo y deflacionista, pero también deben permitir a los Bancos Centrales disminuir los tipos de interés a corto, como ya está ocurriendo. Y si los «mercados» se convencen de la ortodoxia de estas políticas, bajarán, como también está ocurriendo, los tipos a largo plazo.

La experiencia dice que los Bancos Centrales de Alemania, EEUU y Japón bajan sus tipos 1'5 puntos si la inflación baja 1 punto, y los demás países europeos hacen lo que haga Alemania, con más o menos retraso. Esta disminución de los tipos de interés está depreciando a las monedas europeas con respecto al dólar, (¿hasta cuánto?), lo que contribuirá a reactivar la economía, aunque puede impulsar la inflación.

Pero los estudios econométricos disponibles indican que el efecto recesivo a corto plazo será más importante, de manera que el crecimiento de la economía europea se ralentizará y, en consecuencia, la reducción «ex-post» del déficit realmente conseguida será la mitad de la prevista, «ex-ante», en los Presupuestos iniciales.

Algunas de estas estimaciones cifran en 2 puntos de crecimiento del PIB el coste de una reducción «ex-post» del déficit público de 1 punto. Pero naturalmente, todos estos cálculos dependen de numerosas hipótesis y del comportamiento de muchas variables de difícil control. Sólo la realidad dirá, dentro de un par de años, cual habrá sido el coste, en términos de crecimiento y empleo, de los efectos a corto plazo del proceso acelerado de convergencia hacia los criterios de Maastricht.

Tendremos que esperar más tiempo para conocer los efectos a largo plazo del proceso de saneamiento presupuestario. Pero, en cualquier caso, hay que ser bien conscientes de que las nuevas reglas de juego de la política económica en Europa implican que los países que formen parte de la UEM no podrán, nunca más, modificar de forma autónoma sus tipos de interés, ni sus tipos de cambio, para hacer frente a una circunstancia desfavorable de su economía.

En consecuencia, los ajustes entre los distintos países de la UEM sólo se harán a través de variaciones de precios y salarios y de cambios en los niveles de actividad y del empleo. Por ello, no es despreciable el mayor riesgo de recesión y de paro en la UEM, en ausencia de políticas económicas correctoras que se adapten de forma cooperativa.

Es difícil que estas políticas correctoras puedan instrumentarse desde el Presupuesto comunitario, dada su reducida dimensión. Después de la aplicación del «paquete Delors», el Presupuesto de la Comunidad será el 1'3% del PIB de la CEE y el 4% de los Presupuestos de los Estados miembros, mientras que en los países descentralizados, el Presupuesto central representa más del 30% del PIB, lo que le permite contribuir al ajuste macroeconómico de su área monetaria. Así, se calcula que en EEUU una disminución de 1 dólar en la renta de un Estado, produce 40 centavos de transferencias compensadoras automáticas desde el Presupuesto federal. En Europa, en la actual situación, este efecto sería sólo del 5%.

Por eso es tan necesario analizar cuidadosamente los efectos e implicaciones de las restricciones al déficit público de los países miembros de la UEM sobre sus políticas de estabilidad y sobre el crecimiento tendencial de sus economías.

¿EN QUÉ MUNDO VIVEN?

El Periódico de Catalunya, 19.02.97

Lo que les voy a contar ocurrió, recientemente, en Francia, en uno de los innumerables coloquios y seminarios sobre la viabilidad del Estado del Bienestar, el efecto de los impuestos y de la protección social sobre el crecimiento económico, las causas del paro, la necesidad o perversidad del salario mínimo, la flexibilidad del mercado de trabajo, etc...

Detrás de esas palabras, hay realidades humanas individuales, concretas, desesperantes, y a veces trágicas, que desaparecen como átomos anónimos en las frías cifras de las estadísticas que recuentan 30 millones de parados y 100 millones de pobres que viven en los países ricos.

En cambio, los expertos que acuden a esos coloquios suelen ser personas de elevado nivel cultural y económico, competentes y sensatos (aparentemente al menos), altos funcionarios o catedráticos en excedencia que trabajan para la patronal o el sistema financiero, con el empleo asegurado y al abrigo de la necesidad material y hasta del temor de sufrirla.

Como otras veces, uno de esos expertos, procedente de la conocida aristocracia administrativa del país vecino, expuso la conocida teoría de que el paro es, al menos en parte, la consecuencia de un exceso de protección social, porque, según dijo: «la mayoría de los trabajadores poco calificados apenas ganan un 20% más de lo que cobrarían si estuvesen en el paro».

Otro experto le apoyó, argumentando: «¿cómo quiere usted que una persona que cobra el RMI (la Renta Mínima de Inserción, denominación que se da en Francia al subsidio mínimo de supervivencia que se concede cuando ya se han acabado todos los períodos de protección del parado), se preocupe por encontrar un empleo, si trabajando ganaría solo unos centenares de francos más de lo que le da el subsidio?»

Entonces pidió la palabra un asistente que no tenía pinta de experto, en cuyos ojos brillaba una ira contenida, y les preguntó con voz seca y cortante: «¿En qué mundo viven ustedes?».

Después, les fue haciendo una serie de preguntas que él mismo contestaba: «¿Saben cuánto es el salario mínimo? 5.018 francos al mes (unas 125.000 ptas)». «¿Saben ustedes que le pasa a una persona que gana el salario mínimo y pierde su empleo? Pues que pasa a cobrar el 85%, es decir, pierde 650 francos (20.000 ptas). ¿Saben lo duro que es perder 20 cuando sólo se ganan 125? Eso, que a ustedes les parece poco, tienen que medirlo, no en comodidades a las que se renuncia, sino en días en los que no se pueden satisfacer las necesidades básicas de una persona. ¿Pero saben que esto solo dura 9 meses, y que después se baja hasta cobrar el 60% durante 6 meses y el 49% durante tres meses más y luego se acabó? ¿Saben lo que es vivir con la mitad de 125.000 ptas? ¿Saben lo deprisa que pasan 9 ó 18 meses cuando se busca trabajo en algunos sitios, se han pasado los 45 años y no se tiene una buena calificación especializada? ¿Saben cuánta gente hay en Europa que hace más de 18 meses que están parados? ¿Por qué insultan su desesperación diciendo que no quieren trabajar, porque solo ganarían un 20% más? Simplifican ustedes demasiado, tanto, que al final no cuentan la verdad, porque en realidad, si un parado encontrara un empleo pagado al salario mínimo, ganaría entre un 20% y un 100% más, según el tiempo que llevase en el paro, ... suponiendo que todavía no se le hubiese acabado el período de protección».

Después se dirigió al otro experto, a ese que le parecía que el RMI era demasiado alto para que el afortunado que lo cobraba tuviese ganas de trabajar: «¿Sabe cuánto es el RMI?: 2.357 francos»

(56.000 ptas). ¿Sabe cuántos «pocos» centenares de francos más ganaría un RMI-ista que pudiera cobrar el salario mínimo? Exactamente 27 centenares, es decir, más del doble del subsidio que cobra».

«Para ustedes, les dijo con sorna, 27 centenares son unos pocos centenares, por los que, seguramente, no les merecería la pena molestarse. Pero para una persona en esas condiciones, doblar su sueldo no le permite solo doblar su consumo, sino alcanzar unos niveles mínimos de dignidad humana».

Y siguió diciendo que le aterraba que personas con su prestigio e influencia fueran tan ajenos a la realidad en la que vivían sus conciudadanos. Ciertamente, dijo, «esos que sufren el paro son los menos competentes, los menos activos quizá, con certeza los que menos formación han recibido, los menos dotados, por la naturaleza y por la vida, ... por eso soportan una miseria que ustedes no aceptarían. Si pudieramos, de un golpe de varita mágica, aumentar su competencia y capacidad, darles la confianza, los amigos y relaciones que ustedes tienen, seguro que encontrarían empleo... y quizá alguno de ustedes lo perdería. Pero, por favor, no me digan que empujándolos a una miseria más profunda les haremos reaccionar para que salgan de la que estan, porque para muchos de ellos, es ya demasiado insoportable».

Dijo muchas cosas más, en medio de un profundo silencio, que no tengo espacio para contarles hoy aquí, relativas al efecto positivo global que tienen los sistemas de protección social para el conjunto de la sociedad, porque garantizan un nivel mínimo de consumo, sin el cual, la depresión económica del 93-94 hubiese tenido efectos devastadores para el conjunto de la sociedad.

Creo que así ocurrió. O quizá fue solo un sueño en el que mi inconsciente vomitó la frustración y la ira acumulada por tanto discurso de lobo cínico disfrazado de cordero sabio. Pero, sueño o realidad, me hubiera gustado ser ese hombre.

La virtud, el vicio y el dogma

La Vanguardia, 28.02.97

Agradezco al señor Muns por haber dedicado su autorizada opinión («La virtud, el vicio y la ambigüedad», 24/2/97) a mi artículo «Círculos de vicio y virtud» (14/2/97).

Sin pretender entrar en una polémica personal, sus comentarios me invitan a evitar cualquier posible ambigüedad: creo que es positivo y necesario satisfacer los criterios de convergencia, y entre ellos la reducción del déficit para poder formar parte de la moneda única.

Antes que nada, evitemos cualquier posible ambigüedad: creo que es positivo y necesario satisfacer los criterios de convergencia y entre ellos la reducción del déficit público, para poder formar parte de la Moneda Única. Pero no lo hago por artículo de fe, sino porque valoro más sus ventajas que sus inconvenientes, sin dejar de reconocer que es una opción que implica costes y presenta riesgos.

Uno de estos riesgos es que la restricción presupuestaria, aplicada de forma simultánea y rápida en muchos países a la vez, reduzca la demanda en un momento en que ya no es muy boyante y, a corto plazo, frene el crecimiento. Es un temor racional que reconoce la OCDE, la Unión Europea y prestigiosos centros de análisis económicos como la Oficina Francesa de Coyuntura Económica (OFCE).

Sorprende que alguien pueda sorprenderse de que este riesgo exista, al tiempo que reconoce desconocer los estudios que lo analizan (modelo MIMOSA, Lettre de l'OFCE 26 Julio 96), aunque no es nada sorprendente que para los representantes del «pensamiento único», reducir el déficit público sea «intrínsecamente virtuoso», en cualquier caso.

Otro riesgo es que las restricciones permanentes al déficit público dificulten la aplicación de políticas fiscales de estabilización. Y, para acabar de escandalizar a los que creen que el mundo debe ser gobernado por los mercados y los Bancos Centrales, añadiré que otro riesgo es que el Banco Central europeo imprima un sesgo deflacionista permanente sobre la actividad económica de la UE.

No es bueno tener una concepción dogmática de una variable económica. El déficit público es un instrumento que debe utilizarse en función de su capacidad de estabilizar la economía, y de su efecto sobre el potencial de crecimiento en el medio plazo. Puede ser causa o consecuencia de las crisis, puede contribuir a resolverlas o agravarlas, puede financiar inversión básica y por tanto complementar y atraer la inversión privada o expulsarla de los mercados financieros. Y de todo ha habido y hay en la historia de la política económica desde el final del consenso keynesiano.

¿Los déficits públicos son los responsables de los altos tipos de interés? Depende. Si son excesivos y los mercados de capitales cerrados, pueden serlo. Pero el carácter excesivo de una variable depende del comportamiento de sus complementarias y hoy, en Europa, el consumo de las familias se retrae (su ahorro crece) y la inversión de las empresas es escasa y más autofinanciada (su endeudamiento es débil). Y en este contexto, el equilibrio macroeconómico se ha apoyado en desequilibrios presupuestarios que no deben ser permanentes, pero que coyunturalmente son útiles.

Tampoco los mercados de capital son cerrados, y más que por el déficit público, nuestros tipos de interés han estado y están condicionados por los del resto del mundo y en particular por los que fija el Bundesbank, y por el mantenimiento artificial y absurdo de tipos de paridades fijas entre monedas sometidas a coyunturas económicas divergentes. En realidad, paradójicamente, en 1993, año en que el déficit público aumentó 3 puntos del PIB y alcanzó su máximo histórico, se produjo un espectacular descenso de los tipos de interés a corto y a largo, como consecuencia de otros factores más determinantes, como el abandono de las bandas estrechas de fluctuación en el Sistema Monetario Europeo. Pero ni en este caso, ni en ningún otro, es bueno confundir correlación con casualidad.

El señor Muns nos asegura que la reducción de los déficits públicos, tendrá siempre efectos virtuosos porque para eso está la política monetaria que se coordinará adecuadamente con la política fiscal para que el círculo gire en la buena dirección. Es decir, las cosas irán bien, porque pueden ir bien.

Ojalá sea así. Pero la posibilidad no implica seguridad automática, salvo para los que disfrutan de inamovibles convencimientos. En realidad, si por algo se distingue la história reciente de Europa es por la incapacidad de coordinar adecuadamente las políticas monetarias y fiscales en su conjunto y las de los distintos países entre sí. En los últimos quince años, cada vez que se produjo una recesión económica, Europa lo ha pagado muy caro en términos de crecimiento por su incapacidad de establecer políticas de coordinación y cooperación. Ocurrió así en la larga recesión de la primera mitad de los años ochenta, con la crisis provocada por la reunificación alemana, con el aborto de la recuperación de 1994-95 y con el débil crecimiento actual.

¿Qué pasó con la última recesión? Los países europeos necesitaban relanzar sus economías y, al mismo tiempo, reducir sus abultados déficits, causados por la disminución de la actividad hasta el año negro de 1993. Una solución hubiera sido hacer como los Estados Unidos en 1991: empezar por una expansión monetaria y una vez que se hubiese impulsado el crecimiento, seguir con la restricción presupuestaria. Pero en Europa las políticas monetarias han ido siempre retrasadas con respecto a las coyunturas, y los Bancos Centrales han esperado a que los gobiernos redujeran sus déficits para bajar sus tipos de interés a corto, y ello ha contribuido a abortar la recuperación.

Y esto ha sido así porque en Europa no hemos tenido, ni Maastricht la prevé, una autoridad política al nivel adecuado que posibilite la coordinación de las políticas monetarias y fiscales, que no hay por qué creer que se producirán de forma automática.

Por eso soy de los que creen que la Unión Monetaria es imprescindible, y que para ello se necesitan compromisos de política fiscal, pero también estoy convencido de que no será suficiente y que frente al Banco Central Europeo hará falta algo parecido a un gobierno económico, capaz de evitar que los países comunitarios se empujen mutuamente hacia la recesión, que es la causa del paro y también de los déficits públicos, más que éstos de aquélla.

En mi opinión, el crecimiento de los déficits públicos en Europa entre 1990 y 1993 no fue la causa, sino la consecuencia de la recesión y del incremento de los tipos de interés por haber querido aplicar la misma política económica a países en situaciones coyunturales muy diferentes. Francia entraba en recesión y Alemania se enfrentaba al recalentamiento producido por su reunificación, que el Bundesbank combatía con una política monetaria muy restrictiva. Al no haber querido modificar las paridades dentro del SME se aplicó la purga monetaria alemana a economías en recesión...hasta que el sistema explotó. Los déficits públicos crecieron porque cumplieron su papel de estabilizador automático frente a menos ingresos y más paro. Si no lo hubieran hecho las consecuencias sociales de la crisis hubieran sido dramáticas.

¿CUÁNTOS CABEMOS?

El Periódico de Catalunya, 5.03.97

Cuando el siglo XX acabe habrá más de 6.000 millones de seres humanos en nuestra limitada Tierra. Veinte años antes éramos 4.500 y veinte años después seremos 8.000 millones.

¿Cabremos todos?

Depende de qué clase de seres humanos se trate.

Si fueran todos campesinos pobres como los de Bangladesh, que no se mueven y apenas comen, cabrían 20 ó 30.000 millones. Pero de urbanistas occidentales, carnívoros, energívoros, climatizados y cada uno con su coche, no cabrían ni los 5.000 millones que ahora somos. Si 8.000 millones de personas accedieran al consumo energético que tiene hoy un terrícola del mundo desarrollado, el consumo mundial de energía se multiplicaría por cinco. Técnicamente es posible. Tenemos carbón suficiente para ello. Pero ecológicamente es imposible porque la atmósfera no soportaría ese incremento de las emisiones de CO_2.

Viviendo como vivimos no cabrán todos los que seremos. ¿Quién sobrará? ¿Nuestros nietos? ¿O los de esos refugiados hambrientos que nos exhiben los telediarios?

¿O habrá que acabar tomándose en serio eso de la igualdad y la solidaridad?

IMPACIENTES POR EL EURO

El Periódico de Catalunya, 12.03.97

La Moneda Única Europea es la gran encrucijada de nuestro tiempo. Hace un siglo, en el 98, salimos de Cuba y nos quedamos al margen de la Historia. Si en el 98 que viene no entramos en el EURO nos volveremos a quedar en el andén viendo alejarse el futuro.

Estar o no estar es tarea de todos. No sólo del Gobierno. Desde la oposición criticamos sus regresivas medidas fiscales porque estan haciendo más difícil cumplir las condiciones de déficit público. Pero mantenemos la más exquisita prudencia, porque preferimos contribuir al éxito del país que beneficiarnos del fracaso del PP.

Los socialistas somos unos impacientes de la moneda única. De ello depende que Europa pueda pesar algo en el mundo frente al dólar y al yen.

Por eso decía Felipe González en las jornadas del Círculo de Economía en Sitges que más valdría adelantarlo que atrasarlo.

Atrasarlo crearía más inestabilidad en los mercados y daría nuevas oportunidades a la especulación.

Y si tan importante es, no deberíamos dejarlo al albur de los mercados financieros ni correr el riesgo de que una crisis como la del 93 lo haga imposible.

ALGUIEN NO DICE LA VERDAD

El Periódico de Catalunya, 24.03.97

El reciente debate autonómico en el Senado no ha aportado nada novedoso.

La única y lamentable novedad ha sido la ausencia del Sr. Ardanza, Presidente del Gobierno Vasco, que ninguna discrepancia entre el PP y el PNV puede justificar.

Cualesquiera que sean sus problemas con el gobierno de España, es inexcusable la presencia de los máximos responsables autonómicos en el Senado. Precisamente porque ese es el lugar y el momento de dialogar para resolverlos.

La silla vacía del País Vasco era el símbolo de la permanente ambigüedad del PNV hacia la idea de España, en un momento especialmente preocupante, porque la violencia se ha consolidado ya como elemento de la vida cotidiana en esa Comunidad.

Quien sí estuvo fue el President Pujol. Su intervención fue brillante, bien construida, con contenido. Frente a él, Aznar parecía más anodino, hueco y ampuloso que nunca. Tanto él como los Presidentes de las CCAA gobernadas por el PP emitieron discursos clónicos, sólo para cubrir el expediente. Para el PP no pasa nada, todo está bien. Y como de financiación autonómica tampoco tocaba hablar, pasaron de puntillas por uno de los más importantes problemas de la España de las Autonomías.

Para Pujol, en cambio, pasan cosas graves, aunque no lo parezca. Pasa, según él, que Cataluña no se acaba de encontrar a gusto en España. No nos explicó porqué. Pero es lógico que lo diga, porque, políticamente hablando, CiU vive de eso. El día que los nacionalistas digan que están cómodos en España, se quedarán sin discurso. Y se les caerá el burladero tras el que escamotean la gestión que hacen, desde el gobierno de Cataluña, de las cosas que afectan a la vida cotidiana de los ciudadanos. La sanidad o la educación, por ejemplo.

Pero el Sr. Pujol estaba muy contento del pacto de financiación que había hecho con el PP a cambio de entregarle la llave de la Moncloa. Según él, los «dividendos» del pacto aportarían 194.000 millones adicionales a la Hacienda de la Generalitat.

¿Eso es mucho o es poco? ¿Es una cifra creíble o fantasiosa? ¿De dónde sale y cómo se calcula? Desde luego, en el Presupuesto del 97 no aparece por ninguna parte. Ni esta cifra ni ninguna otra, porque el pacto CiU-PP sigue siendo la cosa más secreta, obscura y confusa de la historia presupuestaria de la democracia. Y en el debate en el Senado, Aznar perdió la última ocasión de explicarlo.

No quiero decir con eso que no sea cierto lo que dice el President. Si lo dice él, que lo ha pactado, debe ser verdad. Y como el Gobierno del PP no le desmiente, razón de más para creerlo.

Pero, al mismo tiempo, el PP publica en la prensa andaluza anuncios a toda página asegurando que Andalucía recibiría, 476.000 millones adicionales, que los andaluces corren el riesgo de perder por culpa de la tozudez de los socialistas.

¿Pueden ser ciertas las dos cosas a la vez? Creo que no. Si lo fueran, el pacto del Sr. Pujol sería muy malo para Cataluña. Y, además, sería imposible cumplir con las exigencias del Tratado de Maastricht y España no podría entrar en la Unión Monetaria Europea.

Para entender porqué, hay que saber que Cataluña recibe hoy, aproximadamente, el 20% de la participación de las CCAA en los tributos del Estado y Andalucía el 30%. Además, en el pacto PP-CiU se asegura que ninguna Comunidad mejorará su financiación menos del 90% de la que más beneficiada resulte.

Si lo que promete el PP a Andalucía es cierto, a Cataluña le correspondería ganar, haciendo una simple regla de tres, 318.000

millones. En el peor de los casos, el 90% de esta cantidad, que sería el mínimo garantizado, está muy por encima de los 194.000 millones de los que tanto presume el Sr. Pujol. El nuevo sistema sería pues calamitoso para Cataluña.

Si es cierto que Cataluña gana con el pacto 194.000 millones, entonces, por la misma lógica, a Andalucía le corresponderían como máximo 291.000 millones, muy por debajo de los 476.000 que el PP promete en sus anuncios. Se estaría entonces engañando escandalosamente a los andaluces.

Alguien no está diciendo la verdad, porque unos y otros dicen cosas que no pueden ser simultáneamente ciertas. ¿A quién hay que creer? En mi opinión a nadie, porque si cualquiera de las dos cifras fuera cierta, el nuevo sistema, aplicado al conjunto de las CCAA generaría un coste adicional que oscilaría entre 1 billón (si tuviera razón el Sr. Pujol) y 1,5 billones (si fueran ciertos los anuncios). Y si nos creemos a los dos a la vez, el coste mínimo sería de 1,286 billones y el déficit público que se produciría, nos dejaría fuera de la moneda única europea.

De manera que seguimos en la ceremonia de la confusión, tratando cada cual de convencer a sus electores de que ganan más que nadie, aunque todos pueden ganar mucho sin que nadie pierda nada. Pero en realidad, ¿quién gana más con la cesión a las CCAA del 30% de la recaudación del IRPF obtenida en su territorio? ¿Ganan más los territorios más ricos porque allí se recauda más IRPF? No es seguro. Depende de cómo crezca la recaudación por todos los impuestos en el conjunto del país y la del IRPF en cada Comunidad. Lo importante no es solo *cuánto* IRPF se recaude (en ese caso ganarían siempre más las más ricas, obviamente). Lo que cuenta de verdad es si la recaudación por IRPF en el territorio de cada Comunidad crece más o menos que la del conjunto de los impuestos del conjunto del país.

Y eso depende, entre otras cosas, de que el Gobierno aumente o disminuya la capacidad recaudatoria del IRPF. Con un Gobierno dispuesto a disminuir la imposición directa, como está haciendo el

PP, sobre todo para los rendimientos del capital, no es seguro que participar más en el IRPF sea un buen negocio.

De momento, en 1996 la recaudación por IRPF ha aumentado muy poco, menos que los demás impuestos y están por ver las consecuencias, en los próximos años, de las regresivas medidas fiscales del PP.

De manera que no sólo no puede ser verdad todo lo que dicen, sino que no nos dicen toda la verdad. Y los problemas de la convergencia europea y de la construcción autonómica, que están muy relacionados entre sí, son demasiado serios para tratarlos de forma tan poco responsable.

Utopías

El Periódico de Catalunya, 30.03.97

El hombre es el único animal que imagina el futuro. Para miles de generaciones ese futuro estuvo gobernado por las fuerzas de la naturaleza y los caprichos de los dioses. Entre el temor y la esperanza, el hombre solo podía resignarse.

Después fuimos capaces de rebelarnos contra la fatalidad. Tardamos miles de años en conquistar el fuego. Pero nos ha bastado un siglo para liberar el átomo y domesticar el electrón.

Cuando el trabajo era una maldición divina algunos pensaron que un día construiríamos máquinas que nos liberaran de la pena y el esfuerzo.

Ese sueño, como el de vencer la mortalidad infantil o pisar la luna, parecían utopías, sinónimo de proyecto inalcanzable. Pero hoy lo inimaginable parece fácil y nuestro poder es mayor que la capacidad de usarlo.

Necesitamos una nueva utopía: construir una sociedad cuyo objetivo no sea producir más cosas cada vez menos necesarias, sino dar a todo ser humano la posibilidad de realizarse plenamente, participando tanto del bienestar social como del esfuerzo necesario para conseguirlo, y para eso no basta distribuir la renta con impuestos y subsidios. Hace falta, además, que todos puedan ser útiles y sentirse socialmente necesarios.

DEL DICHO AL HECHO

Endavant, abril del 97

Pocas veces un Gobierno habrá recorrido tan rápidamente un trecho tan largo entre sus dichos y sus hechos. Desde la fábula de los 5.000 altos cargos a las prometidas rebajas en las cotizaciones sociales, la realidad ha desmentido toda su demagogia electoral.

En el Presupuesto del 97 han tenido que pagar los apoyos del mundo empresarial y financiero con generosas rebajas fiscales inasumibles para la Hacienda Pública, y los de los grupos nacionalistas con un nuevo sistema de financiación, confuso y sin consenso.

No debe sorprendernos que apliquen políticas fiscales y salariales regresivas porque así defienden los intereses de los grupos y clases sociales a los que el PP representa. Han sido coherentes consigo mismos diciéndoles a 2 millones de trabajadores que ganan menos de 130.000 ptas. al mes que no se pueden actualizar sus sueldos y, al mismo tiempo, dividir por cuatro los impuestos que ganan los inversores en bolsa.

Pero ha sido sorprendente su extrema capacidad para hacer de la necesidad virtud en materia de financiación autonómica, aunque muchos de los charcos en los que se han metido para conseguir los votos de sus socios nacionalistas, se los podían haber ahorrado porque ni siquiera se los habían pedido. El resultado es que han agravado el desequilibrio presupuestario sin equilibrar el sistema de financiación autonómica, han provocado una escalada sin fin de reivindicaciones y han demostrado que el Sr. Aznar era bien capaz de olvidar sus terribles críticas contra la cesión del 15%.

El PP cree que el crecimiento económico está limitado por unos sistemas de protección social demasiado solidarios y por unas pretensiones igualitarias que no son posibles en el mundo de hoy. Cree que los impuestos, cualquier impuesto, desaniman a las iniciativas individuales y que las prestaciones sociales fomentan el paro. Es decir, cree que la protección social y la intervención pública son intrínsecamente perversas. Y han actuado en consecuencia, reduciendo las políticas de igualdad, debilitando los servicios públicos, aceptando que las desigualdades aumenten, como algo inevitable, para poder continuar creciendo.

Y a eso debemos oponernos los socialistas porque, el gasto público es el reflejo de un contrato social de largo plazo, y el Presupuesto debe seguir siendo el último refugio de los instrumentos de la igualdad: la educación, la salud, la lucha contra la pobreza, la investigación, la movilidad, la vivienda,... todo lo que hace a una sociedad solidaria.

CHINA: ENTRE LA FASCINACIÓN Y EL TEMOR

La Vanguardia, 2.04.97

Aunque ya solo era Presidente honorario de la Federación de brigde, la reciente muerte de Deng Xiaoping ha puesto de actualidad a China, ese gigantesco país que, según el Banco Mundial, será en el 2020 la primera potencia económica del planeta. Glorificado como el «arquitecto de las reformas», ese anciano de 90 años había dirigido, en 1978, el primer asalto contra las fortalezas ideológicas, haciendo que el Comité Central del Partido Comunista Chino aceptase la compatibilidad entre planificación y mercado. Desde entonces, la economía china ha crecido a un ritmo anual medio del 10% y su comercio exterior ha más que triplicado su participación en el comercio mundial.

¿Volverá pues a ser a principios del siglo XXI, lo que ya fue a principios del XIX, cuando su potencia económica era 10 veces la del Reino Unido? Para ello haría falta que sus estructuras políticas evolucionaran al ritmo de su desarrollo económico. Y eso es tan difícil como poco probable. Por eso ningún ejercicio de prospectiva sobre el inmediato futuro de nuestro mundo tiene sentido sin analizar los bostezos de ese gigante que ya está despierto, pero que seguirá siendo un enigma durante mucho tiempo. Su vitalidad económica y su apertura al exterior fascinan. Su estabilidad social es sorprendente. Pero los crecientes desequilibrios entre las provincias costeras y el interior, la crisis de su Estado y la atrofia política pueden resquebrajar el país o hacerle caer en la tentación nacionalista.

Tuve ocasión de visitar China en 1988, para negociar el tratado que evitase la doble imposición a nuestros inversores. El país estaba entonces a mitad del recorrido de la larga marcha entre el Plan y el mercado. Las «comunas populares» agrícolas, símbolo del antiguo régimen, acababan de desaparecer y se legalizaban las empresas por acciones en el sentido occidental del término. Recuerdo la fraseología de los entonces responsables de la Comisión Estatal de Reconversión Económica: «el mercado orienta la producción pero el Estado controla el mercado...».

Desde entonces, el 90% de los precios los fija el mercado y han aparecido los mismos desequilibrios que el crecimiento ha creado en occidente: la inflación y los déficits presupuestario y comercial. Han aparecido también clases medias, concentradas en la costa, donde vive la mayoría de los 25 millones de chinos que poseen acciones cotizadas en sus Bolsas (sólo el 2% de la población). Pero el dinamismo económico ha creado un abismo creciente entre la ciudad y el campo y entre la costa y el interior, en un país cuyos desequilibrios territoriales eran ya muy graves: la mitad del territorio acoge sólo al 4% de la población y la superficie agrícola es sólo el 10% del total.

Quien haya visitado la China interior (pude hacerlo fugazmente en las tierras altas del Xinjiang fronterizo con el Pakistán, en el lejano noroeste), habrá constatado cómo su población rural vive al margen de la modernización del país. La tentación de emigrar a la ciudad será inevitable para una buena parte de los 900 millones de chinos que todavía viven en el campo. Y ese éxodo tendrá consecuencias sociales dramáticas porque todavía subsisten los esquemas tradicionales de solidaridad intergeneracional que hacen que los mayores sobrevivan a cargo de sus hijos.

Esta desigualdad entre territorios y entre masas rurales y clases medias urbanas, hace que la realidad china aparezca distinta según el criterio que se use para describirla. Si consideramos el PIB al tipo de cambio nominal con el dólar, China es un país pobre, con 500 $ de renta per cápita, pero cuyo PIB lo coloca ya en el lugar 11 de la clasificación mundial. Si expresamos su PIB usando las paridades del poder de compra que usa el Banco Mundial, asciende en la clasificación hasta el tercer lugar del mundo, detrás de EEUU y Japón.

Pero según el índice de desarrollo humano utilizado por las Naciones Unidas, que considera además del PIB, indicadores de salud, educación, distribución de la renta, etc..., China se sitúa todavía en la cola del mundo, cercana al lugar 100, junto con los países más atrasados. También en la expansión del comercio exterior chino hay algo que produce perplejidad: su tasa de apertura (import+export/PIB)es excepcionalmente alta, (40%) el doble que la de la India y el triple que la del Brasil. Y además, el 80% de sus exportaciones son productos industriales, algo inusual en países de su grado de desarrollo.

Eso es así porque China es el gran escenario de la deslocalización de las industrias asiáticas. Ese fenómeno, que tanto nos preocupa a los europeos, se ha producido con especial intensidad entre China y sus vecinos del extremo oriente. En efecto, para resolver sus problemas de competitividad, derivados del incremento de los salarios y de la revalorización de sus monedas, las industrias de Taiwán, de Hong Kong y del Japón se han deslocalizado en China de forma masiva. No es de extrañar, si se tiene en cuenta que el coste laboral es de 17$/hora en Japón, en torno a 5$/hora en Taiwan, Hong Kong o Singapur y de 0,57 $/hora en China. Y está demostrado que los chinos aprenden rápido.

Eso explica que la mitad del comercio exterior chino se base en operaciones de ensamblaje y de subtratamiento. La costa este de China se ha convertido en una gigantesca planta de montaje de componentes importados que produce casi exclusivamente para la exportación. Esta parte de su comercio internacional está aislado del mercado interior, con el que no compite ni le afecta. Ha sido, sin duda, el motor de la industrialización de la zona costera gracias a las ventajas fiscales y aduaneras de las que ha disfrutado. Pero ha constituido un mundo aparte.

En cambio, el resto del comercio exterior chino, vinculado con su mercado interior, y que no está integrado en los circuitos mundiales de producción de los grandes grupos extranjeros, ha evolucionado simplemente como la media del comercio mundial y representa un grado de apertura exterior mucho más normal, del orden del 20%. Pero por poco que se haya abierto su mercado interior, y en realidad lo ha hecho mucho menos de lo que aparenta la evolución de su comercio, la dimensión de ese país es tan grande que cualquier acontecimiento que le afecte produce verdaderas ondas de choque en la economía mundial. Así ocurrió, por ejemplo, en la primavera del 95, cuando el mal tiempo y las plagas arruinaron la cosecha de algodón. La demanda de importaciones que generó China elevó el precio del algodón en Califoria hasta los niveles más altos desde la guerra civil americana.

El temor que ahora produce China no es que nos exporte la revolución maoísta, ni siquiera productos a bajo coste intensivos en trabajo, sino productos industriales que incorporan tecnologías importadas. Empezó exportando textiles y zapatos, pero ahora sigue con igual fuerza con el material electrónico y la máquina herramienta, que dan saltos de un 50% anual, y son ya el primer componente de su comercio exterior. Pero a este temor se suman otros más graves, producidos por los problemas de la sucesión política, por el impacto de la modernización sobre las absoletas estructuras de su Estado y por la descomposición ideológica. Para que este escenario de dos velocidades, la económica y la política, tenga una salida pacífica, hacen falta dirigentes extraordinarios. Ojalá lo sean los herederos. Les va mucho en ello a todos.

Vulnerables

El Periódico de Catalunya, 9.04.97

Estadísticamente hablando, los sistemas de transporte de las sociedades tecnificadas son de una enorme seguridad y fiabilidad. Cada minuto, un avión despega de El Prat o de Barajas. Cada día, un millón de personas sube a un tren de cercanías.

Pero la seguridad absoluta no existe y la complejidad tecnológica sobre la que vivimos nos hace vulnerables. A veces, un error humano, un problema técnico, la rutina o el azar se asocian fatalmente y provocan una tragedia. Dos trenes descarrilan en Semana Santa. Un mercancías embiste de frente a un tren de pasajeros en el corazón de Europa. Las heladas inmovilizan a los trenes de alta velocidad franceses, y miles de pasajeros quedan atrapados en el frío y la noche. Un tren se incendia en el túnel bajo la Mancha. Una compuerta mal cerrada hunde a un barco en el Mar del Norte. Las vidas que se pierden no son el 0'00... del total. Son vidas enteras, únicas, imposibles de evaluar en términos estadísticos.

¿Cómo es posible?, nos preguntamos. ¿No se podría haber evitado? ¿No se podría haber previsto? A veces, lo que costaría evitar un riesgo muy improbable o hacer frente a una helada muy poco frecuente, no estaría socialmente justificado. Pero reducir el déficit o bajar los impuestos, a costa de la seguridad en el transporte, sería un pésimo negocio.

82-92: UNA DÉCADA PRODIGIOSA

El Siglo, 14.04.97

De la larga etapa de gobierno socialista, habría que distinguir dos partes bien diferentes: la década 82-92 y el trienio 93-96. Los diez primeros años son los de la mayoría absoluta, la entrada en Europa, lluvias abundantes y, desde mitad del 85, un fuerte y prolongado crecimiento económico. Culminan con la apoteosis del año olímpico y con las primeras denuncias de comportamientos irregulares.

Los tres últimos años, entre la primavera del 93 y la del 96, son los de mayoría relativa, los obligados pactos con los nacionalistas, la intensa crisis económica europea, la corrupción y los escándalos, la pertinaz sequía y el resquebrajamiento de la unidad del partido socialista en torno a los trasvases, la financiación autonómica y el conflicto «guerrismo-renovación».

Pero los problemas del trienio final no deberían hacernos olvidar ni minusvalorar lo que representó el período 82-92 para la prosperidad y el equilibrio de la sociedad española.

Le propongo pues que volvamos la vista atrás y nos situemos en la primavera del 93, cuando, pasada Semana Santa, Felipe González, como Presidente del Gobierno, propuso al Rey la disolución de las Cortes.

Habíamos estado gobernando más de diez años. Al final de este largo período nos enfrentábamos a la crisis económica más grave (aunque todavía no lo sabíamos) que Europa y España habían soportado desde el fin de la Guerra Mundial o desde el Plan de

Estabilización. Habíamos rozado el cielo olímpico pero también acabábamos de devaluar a repetición, y se planteaban muchas dudas sobre la viabilidad del proyecto europeo al que tanto nos habíamos vinculado políticamente. Los escándalos relativos a la financiación de los partidos políticos habían emergido con fuerza, aunque lo peor estaba todavía por venir.

Pero, por encima de las dificultades coyunturales, era importante resaltar que las verdaderas raíces del bienestar económico, es decir, la productividad, el empleo y la distribución de la renta se habían transformado profundamente.

En efecto, el bienestar material de un país solo puede aumentar si aumenta la producción de bienes y servicios y eso solo se puede conseguir de dos formas: incrementando la productividad de cada trabajador o consiguiendo incorporar al trabajo a un mayor número de ciudadanos.

Pero eso no basta para aumentar el bienestar social. Además hay que evitar que el aumento de la producción y la renta beneficie de forma desigual a los diferentes sectores sociales y territorios. Eso es lo que ocurrió en el Reino Unido y en EEUU durante la década de los ochenta, como consecuencia de políticas económicas inspiradas en los mismos principios en los que se basan las propuestas políticas del PP: los ricos, a partir de la clase media alta se volvieron mucho más ricos, mientras que los pobres se enpobrecieron significativamente, siguiendo un modelo de evolución económica que debilita la cohesión social y que no puede sino acabar fracasando en las actuales sociedades democráticas occidentales.

En cambio, nuestra experiencia de la etapa 85-92 muestra que el empleo se incrementó de forma excepcional y que, al mismo tiempo, el cambio de dimensión del sector público hizo posible mejorar notablemente la distribución territorial y funcional de la renta. Esta mejor distribución de la renta, resultado conjunto del crecimiento del empleo y de la expansión del sector público, es uno de los rasgos más positivos de la historia económica de nuestra democracia.

Y por qué, después de un fuerte período de creación de empleo, al acabar la década, en 1992, había más parados que antes y seguíamos teniendo un nivel de paro mayor que la media europea.

¿Por qué? La explicación de esta aparente doble lectura de las cifras del empleo y el paro hay que encontrarle en dos razones estructurales importantes:

- porque tuvimos que acabar la transición desde una sociedad con un peso importante del sector agrario, a una sociedad industrial y de servicios, que los países europeos ya habían hecho años antes.
- porque nuestra población activa creció a un ritmo muy superior al europeo, como consecuencia del «boom» de natalidad de los años 50 y 60 y de la incorporación masiva de la mujer a la población activa, gracias a sus mayores niveles de formación y cultura.

Teniendo en cuenta estas circunstancias, podemos decir que la última etapa de expansión económica 85-92, fue realmente excepcional en materia de creación de empleo, tanto con respecto a Europa (el crecimiento medio anual del empleo en España (0'8%) fue el doble del europeo (0'4%), como con respecto a cualquier otro período de nuestra propia historia.

En realidad, el período 1985-92 fue el único en que la economía española fue capaz de crear empleo en la cantidad suficiente para absorber los aumentos de la población activa y los trabajadores que habían abandonado de la agricultura. En un solo lustro (1985-1990), se pudieron recuperar un millón y medio de puestos de trabajo de los dos millones que se perdieron en los diez años de crisis precedentes.

A lo largo de toda la década, la agricultura continuó expulsando trabajadores: 750.000 en todo el período. Todos ellos no pudieron ser absorbidos por el sector industrial que, en su conjunto, perdió 57.000 empleos. El resto de los sectores, la construcción y los servicios, fueron los únicos que generaron empleo neto en ese período. Estos sectores crearon 2,1 millones de puestos de trabajo; pero debido a que en la agricultura —fundamentalmente— y la industria se destruyeron 800.000 puestos de trabajo, el aumento total del empleo en el período 82-92 fue de 1'3 millones de puestos de trabajo.

Pero ello no fue suficiente para impedir que el número de parados aumentase, debido a la masiva incorporación de trabajadores a la fuerza laboral: dos millones cien mil españoles se presentaron en el mercado de trabajo, es decir, a un ritmo de 200.000 anuales, cifra muy superior al de cualquier otro período desde el final de la autarquía. En la etapa 75-85 el aumento de la población activa fue de 50.000 trabajadores anuales y en la etapa 64-75 en torno a los 100.000.

Esta excepcional evolución de la población activa y del empleo explican que, a pesar de que la economía española creó más empleos que nunca, la década 82-92 acabase con 812.000 parados más. De esta manera, aprendimos que empleo y paro no son variables complementarias y que ambas pueden aumentar a la vez, algo que es todavía socialmente difícil de entender y que ha enmascarado el crecimiento del empleo en esa década durante la cual nuestra sociedad dió un decisivo salto adelante, incorporando a su progreso a los territorios más atrasados y a las capas sociales más desfavorecidas.

UN CUENTO INMORAL

El Periódico de Catalunya, 27.04.97

Hemos empezado a construir Europa por la moneda. Pero, como decía Hegel, la moneda es una abstracción que difícilmente puede movilizar el entusiasmo de los pueblos. Y sin embargo, cuando los europeos tengamos una misma moneda, compartiremos una misma confianza. Porque la moneda, como instrumento que impulsa y equilibra la economía, es básicamente una cuestión de confianza.

La historia que les voy a contar, cuyo parecido con la realidad no es mera coincidencia, explica cómo y porqué.

Para deslumbrar y seducir a su amiga, el señor Pérez, un modesto empleado, se hizo pasar por millonario. Con sus pocos ahorros alquiló por un día un Rolls con chófer y, revestido de todos los signos externos de la riqueza, le regaló un collar de diez millones de pesetas que pagó, adoptando poses de gran señor, con un cheque sin fondos.

Su aspecto inspiró confianza al joyero que, demasiado contento por el 50% de beneficio que acababa de hacer, no verificó la solvencia del cheque. En vez de cobrarlo en el banco, se lo endosó a un amigo vendedor de barcos, para pagar el yate de sus sueños. Este, a su vez lo usó para pagar a un constructor de su confianza el inicio de las obras de su chalet. Y así, el cheque circuló hasta diez veces, pagando cada vez compras de diez millones y dejando en cada una un beneficio del 50%. Pero el undécimo vendedor no se fió del décimo comprador, y cuando intentó cobrar el cheque descubrió que era papel mojado.

¿Qué hicieron entonces los que se habían ido pasando el cheque en base a una confianza mutua? Si cada uno se hubiese vuelto contra el anterior se habrían anulado todas las transacciones, cada vendedor habría perdido los 5 millones que había ganado y cada comprador (y recuerde que todos habían sido a la vez comprador y vendedor) habría perdido la posesión del codiciado bien (barco, chalet, etc...) que había adquirido. Y a ninguno le hubiera servido de consuelo que el Sr. Pérez acabase en la cárcel.

Para evitar una situación en la que todos perderían, los diez compradores-vendedores decidieron hacer algo más cooperativo y mucho más inteligente. En vez de denunciar al Sr. Pérez, que como era insolvente, con su detención no se arreglaría nada, acordaron que cada uno aportase 1 millón, de los 5 que había ganado, para indemnizar al último vendedor. De esta forma, éste pudo cobrar los 10 millones del cheque. Cada uno de los otros diez todavía ganó 4 millones y se quedó con lo que había comprado. Nadie molestó al Sr. Pérez y su amiga se quedó con el collar. Todos salieron ganando.

Los protagonistas de este cuento inmoral, basado en la confianza burlada y el engaño asumido, comprendieron que lo que realmente importaba era el intercambio de bienes que habían realizado. El cheque fue un simple instrumento de relación entre ellos, que funcionó hasta que la duda le quitó el valor que le atribuían y que repusieron con parte de los beneficios que gracias a él habían obtenido.

Al firmar un cheque sin fondos, el Sr. Pérez fabricó moneda, usurpando el monopolio, que hoy tiene el Banco Central y que tendrá mañana el Instituto Monetario Europeo, de emitir moneda de obligada aceptación en base a la soberanía política que representan. El cheque del Sr. Pérez tuvo valor porque circuló, pero circuló porque se creyó que tenía valor. No era más que una convención basada en la confianza. Pero a fin de cuentas, la moneda es eso y sólo eso: un bien colectivo fruto de una convención basada en la confianza, cuyo valor social se prueba y se valida a través de su circulación cotidiana.

La moneda es un genial invento de la Humanidad, pero en el fondo no es sino una ilusión colectivamente aceptada. Y si se interrumpe su circulación porque se duda de la realidad que hay detrás de la ilusión, la moneda pierde su valor porque esa ilusión es su propia realidad. Se comprende así que los países que disponen de una moneda que inspira confianza y que circula sin problemas, porque es aceptada y deseada por los agentes económicos transnacionales, exijan a las demás monedas, con las que se van a fundir para crear el Euro, que sean igualmente fiables.

Este cuento inmoral enseña también que, a veces, buscando el máximo rigor y haciendo que los deudores paguen, caiga quien caiga, se provocan crisis económicas. Así ocurrió en la gran crisis de 1929 agravada por falta de liquidez en la economía (es decir, por la falta de moneda). Al contrario, la reacción concertada de los Bancos Centrales de todo el mundo, creando moneda para evitar el colapso de los mercados en el «crack» bursátil de 1987, o los préstamos que rápidamente fueron concedidos a México para evitar la crisis de confianza desatada en torno al peso (el famoso «tequilazo»), son ejemplos de soluciones cooperativas que evitan la crisis, como hicieron los diez estafados-estafadores de nuestro cuento.

En realidad, nuestros protagonistas no hicieron sino financiar un «déficit» (el del Sr. Pérez), que había servido para impulsar la demanda y la actividad de todos ellos. Esto es, a fin de cuentas, lo que hacen los Bancos Centrales, creando la moneda que financia, en última instancia, los déficits de los agentes económicos que recurren al crédito, sin el cual no habría inversión, ni crecimiento, ni empleo. Pero el crédito, es decir, el endeudamiento de unos, gracias al ahorro de otros, puede usarse para comprar joyas improductivas o para financiar el capital productivo que aumentará nuestro bienestar futuro.

Todo es un problema de equilibrio. Si hay demasiado déficit y se crea demasiada moneda para financiarlo, se puede perder la confianza en esa moneda y acabar cuestionando incluso la soberanía política en base a la cual se emite.

Por eso, debemos también ser conscientes de que la construcción de la moneda europea implica una transferencia de soberanía desde cada país a instituciones supranacionales. Y así se pone en marcha el proyecto de la unión política de Europa sin el cual la moneda única no tendría sentido ni interés.

Sobre dos pilares

El Periódico de Catalunya, 3.05.97

Las sociedades libres reposan sobre dos pilares, o sobre dos formas de organizar las decisiones: la democracia y el mercado. Es decir, sobre el individuo y la desigualdad por una parte y sobre la sociedad y la equidad por otra.

El mercado decide lo que se produce y lo reparte entre los consumidores en función del «voto» monetario que hacen con sus demandas. Pero en este sufragio no todos son iguales. Cada uno pesa según su riqueza. Y el mercado no atiende las demandas que no son solventes, por muy necesarias que sean.

La democracia, al contrario, da el mismo valor a las preferencias de todos los ciudadanos. Y así, pesando todos igual, decidimos las necesidades que queremos satisfacer colectivamente, porque creemos que son derechos de los que nadie debe quedar excluido, aunque algunos no puedan pagar su coste.

El equilibrio entre estos dos pilares permite avanzar y adaptarse al cambio. Las sociedades que pretenden apoyarse sólo en uno, se rompen. Como se rompió la Unión Soviética al intentar suprimir el mercado. O como se están fracturando por dentro las sociedades ultraliberales que pretenden que el mercado lo arregle todo.

Los tres «dumpings»

La Vanguardia, 5.05.97

Al analizar el proceso de globalización económica es frecuente hacer referencia a la existencia de tres «dumpings»: el social, el medioambiental y el monetario, gracias a los cuales los países en desarrollo producen con costes mucho más bajos que los que son posibles de conseguir en Europa.

La expresión «dumping social», aplicada a los países en desarrollo, no es demasiado acertada, porque es evidente que no pueden permitirse nuestros sistemas de protección social. Pero la competitividad de estos países es, en buena parte, resultado de salarios muy reducidos, a menudo muy por debajo de los que corresponderían a la productividad del trabajador y de condiciones de trabajo muy desfavorables (legislaciones poco exigentes o que no se respetan, trabajo de niños, etc.). También es evidente que las diferencias salariales en el mercado mundial no reflejan sólo diferencias de productividad, sino diferentes sistemas de organización social.

Cada vez en mayor medida las prendas de vestir europeas y americanas y las zapatillas deportivas de marcas famosas se confeccionan en Bangladesh, por mujeres islámicas, culturalmente pasivas, que trabajan 60 horas a la semana y ganan menos de 30 dólares al mes. Y esa producción se vende en occidente, a precios occidentales.

Este ejemplo ilustra cómo la economía global ha permitido a las empresas multinacionales escapar a los estándares laborales conquistados con dificultad en los países desarrollados y elaborar sus estrategias haciendo que los trabajadores de los países en desarrollo compitan entre sí, deprimiendo sus salarios, para atraer inversión extranjera.

Tampoco sea quizá demasiado acertada la expresión «dumping medioambiental» para designar el hecho, por otra parte cierto, de que las empresas de los países menos desarrollados disfruten de una ventaja competitiva asociada a menores costes de producción por no tener que cumplir con las normas medioambientales, cada vez más exigentes, vigentes en los países occidentales.

Más adecuada resulta la expresión «dumping monetario» para designar la competitividad que otorga la permanente infravaloración de las monedas de ciertos países en desarrollo, especialmente del sudeste asiático. Aunque, por cierto, lo mismo podría decirse del dólar hasta hace bien poco.

Pero aunque sea más mediático que apropiado calificar de «dumping» (social, fiscal, medioambiental o monetario) la exportación de los países en desarrollo a precios con los que no se puede competir, lo cierto es que los problemas de ajuste que plantea la inserción de estos países en el comercio mundial son de enorme trascendencia. Y no se pueden obviar argumentando que países como España no hubieran tenido, en su momento, la oportunidad de desarrollarse si los países europeos se hubieran protegido frente a nuestros menores costes laborales. La comparación es poco pertinente por dos razones:

En primer lugar, por una cuestión de dimensión que hace que el problema sea cualitativamente distinto. En la historia económica no hay ningún precedente del «shock» que puede suponer para los 300 millones de europeos que países que agrupan a la mitad de la población mundial, con una oferta laboral superior a 1.200 millones de habitantes, se involucren en el mercado mundial en un período de tiempo relativamente corto. Los países desarrollados tardaron más de 100 años en doblar sus niveles de vida, pero los países del sudeste asiático lo han logrado en menos de tres décadas. Ello ha sido posible por la relativa rapidez con que se puede hoy en día asimilar las nuevas tecnologías que permiten enormes ganancias de productividad.

En segundo lugar, porque el desarrollo español ha implicado un continuo déficit comercial, a diferencia del modelo de desarrollo japonés, copiado más tarde por algunos países asiáticos, y que podría ser el de China, como apunta el superavit de su balanza corriente en estos últimos años. Ante un modelo de desarrollo semejante, es lógico temer por las perspectivas del empleo en los países desarrollados, en aquellas actividades donde los costes salariales de la mano de obra no calificada son determinantes. Eso puede ser una buena noticia para el consumidor pero pésima para el productor. Y no hay que olvidar que todos somos a la vez productores y consumidores. Aunque no todos tienen la misma capacidad para participar en cualquier actividad productiva.

Positiva a medio plazo, la exposición a la competencia internacional no está exenta de costes en el corto plazo. El capital instalado en las empresas de sectores que dejan de ser competitivos pierde valor. Y los trabajadores que no logren recolocarse en sectores con futuro (y no todos lo podrán hacer) tendrán que asumir los costes, no sólo económicos, que el paro comporta. De ahí, la importancia crucial del ritmo y el ámbito de la apertura que puede un país asumir, sin soportar costes económicos y sociales prohibitivos.

Es cierto que la liberalización comercial es una oportunidad para todos los países del planeta. Pero también es un riesgo que hay que controlar. La cuestión es saber cómo se van a repartir riesgos y oportunidades entre los países, y dentro de ellos entre los distintos factores de producción: el capital, el trabajo no cualificado y la fuerza laboral cualificada.

Todo parece señalar que, en este nuevo contexto, será imprescindible una revisión en profundidad del sistema impositivo que favorezca la creación de empleo y un modelo de crecimiento sostenible.

En particular, la sustitución de cotizaciones sociales, en especial las de los trabajadores menos cualificados, por impuestos sobre el conjunto de la riqueza producida y sobre el consumo de la misma, reduciría los costes del factor trabajo y favorecería la competitividad de la producción nacional, manteniendo constantes los precios para el consumidor final pero haciendo que los productos extranjeros contribuyan también a la financiación de la protección social de la nación. Y nada impide, si así se desea, devolver los recursos obtenidos en forma de ayuda al desarrollo, como proponía recientemente el inventor del IVA.

Por otra parte, no tiene sentido mantener un impuesto progresivo sobre la renta que acabe gravando sólo las rentas del trabajo, sea este dependiente o por cuenta propia, y esto es lo que ocurrirá si se sigue con la progresiva desfiscalización del capital financiero. O se aplican medidas concertadas a escala internacional que eviten la erosión de la tributación de las rentas del capital, o el impuesto sobre la renta no merecerá este nombre ni será socialmente defendible.

Será también necesario desplazar la imposición que recae sobre el empleo hacia los impuestos medioambientales, porque es evidente, que el modelo de desarrollo de nuestras sociedades está infrautilizando el factor humano y sobreexplotando los recursos naturales.

Sobre la renovación y la identidad de la izquierda

El Siglo, 12.05.97

Desde que empezó la década de los 90, la izquierda no deja de hablar de renovación. Razones no le faltan para ello.

En efecto, en los últimos 10 años, hemos asistido al predominio intelectual y político del neo-liberalismo, a la caída del socialismo real, al agotamiento de las propuestas socialdemócratas tradicionales y a fenómenos de corrupción que relacionaban la financiación de partidos políticos con el enriquecimiento personal.

No es de extrañar que, en este contexto, la «renovación» se haya convertido en un imperativo inexcusable para las fuerzas políticas de izquierda. Aunque, como ha señalado R. Darendorf, a veces se ha reaccionado a la caída del muro de Berlín combinando una valiente disposición al cambio con una notable confusión de ideas.

La caída del «socialismo real» se ha presentado por los filósofos del «fin de la Historia» como la constatación irrefutable y definitiva de la inviabilidad de cualquier propuesta política que no considere el mercado como un mecanismo más adecuado de regulación económica, social e incluso política.

Del predominio intelectual de estas tesis han surgido las propuestas bien conocidas del radical liberalismo: flexibilización del mercado de trabajo como única solución para crear empleo, sin que preocupen sus implicaciones, no ya sobre la estabilidad y seguridad del empleo, sino sobre la propia competitividad de las empresas a largo plazo; liberalización cuanto antes de los mercados de bienes y servicios para ganar competitividad, sin que preocupe la universalidad de los servicios públicos ni la ordenación del uso del espacio urbano; libre comercio y libre circulación de los capitales, sin mencionar la conveniencia de establecer unas mínimas normas laborales internacionales para proteger los derechos de los trabajadores y detener la espiral a la baja de los salarios y condiciones laborales en el mundo desarrollado, ni mencionar tampoco los efectos de la libre circulación de los capitales sobre la volatilidad de los tipos de cambio y, por tanto, sobre la economía real.

Y finalmente, la reducción del Estado de Bienestar «limitando la protección social a quien más lo necesite», abandonando los esquemas de universalidad en las prestaciones que la socialdemocracia ha construido como pieza básica de la cohesión social, por el criterio de necesidad que conduce a la dualización.

Que así piensen los gurús del Pentágono no debería sorprendernos ni preocuparnos demasiado. Pero lo inquietante es, que esta visión tan simplista de las opciones abiertas a una sociedad haya capturado la imaginación de sectores tradicionalmente progresistas, que han pasado a colocar el libre mercado en el centro de sus reivindicaciones y al consumidor como destinatario principal de sus políticas.

En mi opinión, una «renovación» así concebida, no puede ofrecer a nuestra sociedad una alternativa real a la de las fuerzas políticas situadas a la derecha del espectro político.

La izquierda debe afrontar los problemas fundamentales de las sociedades occidentales como el paro estructural, el deterioro medioambiental o la financiación del Estado de Bienestar, adaptándose al nuevo contexto definido por la globalidad, los cambios tecnológicos y las tendencias demográficas. Pero esta adaptación no debe suponer el abandono de sus señas de identidad. Una de esas señas de identidad es la pasión por la igualdad. Otra es un escepticismo relativo frente al mercado.

En lo que se refiere a los fines que la acción política se puede proponer conseguir (la igualdad, la libertad, la eficiencia, la seguridad...) lo que tradicionalmente ha distinguido a la izquierda es su pretensión de imaginar y aplicar políticas que permitiesen corregir, de forma gradual, las desigualdades. Este no fue el camino que tomó parte de la sociedad occidental en la década pasada. Al contrario, se embarcó en la aplicación generalizada de políticas de signo neoliberal que produjeron, en EEUU y en el Reino Unido, las cotas de desigualdad social más elevadas de los últimos cincuenta años. La izquierda renegaría totalmente de sí misma si aceptase que estas insoportables desigualdades en el interior de los países ricos son indispensables a la buena marcha de la economía y al dinamismo social.

Por otra parte, del estrepitoso fracaso del «socialismo real», como sistema para asignar los recursos en una sociedad, no se desprende que la izquierda deba pasar a hacer el libre mercado, en todo y para todo, el centro de sus reivindicaciones.

Por supuesto que la izquierda debe reivindicar mercados eficientes. Pero los mercados están pensados para producir mercancías, no para administrar derechos y una de las ideas centrales de la historia del socialismo es que el acceso al trabajo y la seguridad frente a la enfermedad y la vejez son derechos, igual que lo es la libertad de expresión, y que su garantía exige sustraerlos a la lógica del beneficio.

Por otra parte, para la izquierda, los mercados no son instituciones espontáneas, o producto de la «naturaleza», cuyo funcionamiento empeora indefectiblemente con la intervención de los poderes públicos, como se tienden a caracterizar por la ideología liberal que reclama su completa desregulación. Son sistemas sociales creados por el hombre, cuya justificación no radica solo en la defensa del derecho individual a la propiedad privada, sino en su mayor o menor adecuación al logro de otros fines sociales que van más allá de la búsqueda a ultranza de la rentabilidad del capital.

Desde el liberalismo se contempla el mercado como una garantía frente al totalitarismo estatal y, por lo tanto, como una condición necesaria de la democracia política. Desde la izquierda, en cambio, lo que preocupa —y debe seguir preocupando— es que la inherente tendencia del mercado a la desigualdad de la renta y la riqueza haga inviable la igualdad política de los ciudadanos.

Tiene razón Alain Touraine al subrayar cómo la élite «ilustrada» de nuestras sociedades se vanagloría con demasiada frecuencia de su liberalismo, pero al mismo tiempo gestiona mecanismos de exclusión en los que la democracia no puede penetrar.

A menudo se afirma que el aumento de la desigualdad a que conduce el sistema de libre mercado al retribuir el esfuerzo y la capacidad individual no es sino el precio que hay que pagar por el aumento general del nivel de prosperidad a que conduce. Pero la experiencia británica y estadounidense lo contradice: las capas más desfavorecidas de ambos países han visto disminuir sus niveles de vida en los últimos quince años en términos no sólo relativos, también absolutos. La desigualdad no es transitoria, ni siquiera se establece en torno a un nivel medio en ascenso donde todos mejoran su situación. No, la realidad es que una parte muy importante de la población empeora de forma permanente y en términos absolutos.

Por eso, la izquierda no puede resignarse a escoger entre el paro subsidiario europeo y los trabajadores pobres de EEUU. Crear empleo no basta. Importa, y mucho, la naturaleza de los empleos creados. E importa también preservar un modelo solidario de sociedad que permita seguir concibiendo la protección frente a la vejez, la enfermedad y el desempleo como derechos ciudadanos, que sólo podrán ser garantizados en la práctica mediante sistemas universales que comprometan en su financiación a toda la sociedad y de cuyos beneficios todos participen.

EUROPA, CRECIMIENTO «BLANDO»

El País, 14.05.97

Europa, lastrada por los débiles crecimientos de Alemania y Francia, es hoy la zona menos dinámica del planeta. Mientras el crecimiento mundial se acelera (3,8% en 1996), en Europa se ralentiza (1,6% en 1996, en vez del 2,8% previsto). Cada día parece más evidente que sólo una mejor coordinación de las políticas económicas de los países europeos les permitirá alcanzar un nuevo dinamismo que aproveche la reciente disminución de los tipos de interés.

Esta situación, a un año vista del examen de Maastricht, aconseja intentar extraer algunas lecciones del pasado reciente para tratar de evitar los mismos errores en el futuro.

Desde la caída del muro de Berlín, Europa ha vivido acontecimientos de extraordinaria importancia: reunificación alemana, ampliación de la Comunidad, Tratado de Maastricht y sus difíciles ratificaciones nacionales, tormentas monetarias en 1992 y 1993, crisis y explosión del SME, aguda recesión económica en 1993-1994, inicio de una tímida recuperación en 1995, drástica caída de los tipos de interés y acelerados esfuerzos de ajuste presupuestario para conseguir cumplir los criterios de convergencia, etc.

A través de todos estos acontecimientos, los años 90-96 se han caracterizado, para el conjunto de las economías europeas, por un crecimiento *blando,* inferior al 2% anual medio. Este débil crecimiento ha sido el principal responsable del elevado nivel de paro, que afecta a casi 20 millones de personas, el 12% de la población activa, y que constituye el más grave problema de la sociedad europea.

En cambio, entre 1986 y 1990, la Unión Europea creció al 3,5% anual medio y se crearon nueve millones de empleos. Si esta fase de crecimiento se hubiese prolongado de 1990 a 1996, la tasa de paro en Europa sería el 5%, lo que habría cambiado radicalmente nuestra percepción de la realidad y las perspectivas de futuro.

Reducir a la mitad el paro en Europa parece un hermoso sueño. Pero no lo es, porque hubiera podido ocurrir y debemos procurar que ocurra en la nueva etapa que empieza, en la que los Estados que entren en la UEM habrán perdido toda autonomía en el establecimiento de sus políticas monetarias y deberán cumplir con las exigencias presupuestarias previstas en los criterios de convergencia y en el Pacto de Estabilidad. En esta nueva etapa, las consecuencias de la descoordinación de las políticas económicas serían mucho más graves que en el pasado.

En efecto, el crecimiento *blando* europeo que es, en mi opinión, la causa central del paro es, a su vez, el resultado de la descoordinación entre las políticas monetarias y fiscales en Europa, provocada por la falta de una autoridad política del adecuado nivel.

Por eso, la Unión Monetaria es necesaria y urgente. Pero no será suficiente para garantizar un crecimiento que ayude a absorber nuestros insoportables niveles de paro. La Unión Monetaria garantizará una política monetaria unificada, pero le hará falta una contrapartida indispensable, algo que se parezca a un Gobierno europeo, que resuelva la incapacidad de los Estados europeos de diseñar políticas cooperativas de crecimiento y superar las recesiones de la economía.

Si esto no ocurre, es de temer que se reproduzca, a mayor escala todavía, el fenómeno que hemos vivido en la experiencia europea reciente y que está en el origen del aborto de la tímida recuperación de 1995.

En efecto, las políticas monetarias en Europa han estado en retraso con respecto a las necesidades de la coyuntura. Los bancos centrales han esperado a que se redujeran los déficits públicos para bajar los tipos de interés a corto plazo. Así, en el conjunto de Europa, la restricción presupuestaria no ha sido compensada por políticas monetarias suficientemente expansivas y la recuperación se ha frenado. Exactamente lo contrario de lo que ocurrió en Estados Unidos en 1991, donde fueron capaces, gracias a una adecuada coordinación entre las instituciones federales, de empezar por la expansión monetaria y, una vez que la recuperación estaba asegurada, aplicar las restricciones presupuestarias.

Para que esta estrategia fuese viable se requería un «Gobierno económico europeo» suficientemente fuerte y creíble para que los bancos centrales aceptaran aplicarla. Pero Europa ha carecido en el pasado de una institución a la altura de la interdependencia de las economías de sus estados, que fuera capaz de asumir sus intereses comunes. Ello impidió dar una solución cooperativa a las consecuencias de la reunificación alemana y ha generado, de nuevo, una carrera no cooperativa hacia la depresión.

Esta mayor coordinación será imprescindible en el futuro, en función de los límites que el nuevo escenario implica para las políticas presupuestarias nacionales y de lo que implican las nuevas reglas de juego de las políticas económicas en Europa: los países de la UEM no podrán nunca más modificar de forma autónoma sus tipos de interés ni sus tipos de cambio para hacer frente a una circunstancia desfavorable de su economía.

En consecuencia, los ajustes entre los distintos países de la UEM sólo se harán a través de variaciones de precios y salarios y de cambios en los niveles de actividad, de la acumulación de capital y del empleo. La rigidez de los precios, especialmente de los salarios, y la escasa movilidad del trabajo en el espacio comunitario pueden hacer que la principal variable de ajuste sea el empleo.

Por ello, no es despreciable el mayor riesgo de recesión y de paro en la UEM si no hay políticas económicas correctoras, adoptadas de forma cooperativa. ¿Pueden instrumentarse estas políticas correctoras desde el presupuesto comunitario? Ciertamente no, puesto que, a diferencia de lo que ocurre en otras uniones monetarias, su talla es exigua. Después de la aplicación del *paquete Delors,* el presupuesto de la Comunidad será el 1,3% del PIB de la CEE y el 4% de los presupuestos de los Estados miembros, mientras que en los países más descentralizados el presupuesto central representa más del 30% del PIB, lo que les permite contribuir al ajuste macroeconómico de sus áreas monetarias. Así, en EEUU se calcula que una disminución de un dólar en la renta de un Estado produce 40 centavos de transferencias compensadoras automáticas desde el presupuesto federal. En Europa, en la actual situación, este efecto sería sólo del 5%.

Por eso es tan necesario analizar cuidadosamente los efectos de las restricciones al déficit público de los países miembros de la UEM sobre sus políticas de estabilidad y sobre el crecimiento tendencial de sus economías, así como la coherencia de estas restricciones con el papel del sector público desde una perspectiva socialdemócrata.

EL SALARIO DEL ROBOT

El Periódico de Catalunya, 15.05.97

La expresión «reparto del trabajo», como forma de conseguir el objetivo del pleno empleo, es poco acertada.

El trabajo ya lo repartimos. Aunque no lo llamamos así, todos los días aplicamos una forma injusta y socialmente destructiva de reparto del trabajo. A los parados no les toca nada. A los prejubilados, cada vez más numerosos, se les retira su parte antes de tiempo. A otros sólo les toca un empleo a tiempo parcial que no les basta para vivir.

Para dejar claro lo que queremos decir, sería mejor hablar de reducción de jornada. Siendo conscientes de que reducirla sin ajuste en los salarios ni en las cotizaciones sociales, encarecería los costes de producción y destruiría empleo. Pero disminuir los salarios de forma general sería socialmente regresivo y políticamente inviable.

La reducción de jornada necesaria para garantizar el derecho al trabajo debe ser financiada por el conjunto de la riqueza producida. A ello deben contribuir tanto el salario del trabajo humano directo como lo que se empieza a llamar el salario del robot.

A fin de cuentas, toda la sociedad se beneficia del progreso técnico, que permite producir más con menos trabajo. Justo es que todos contribuyan a paliar sus costes y compensar a los perjudicados.

Se va usted a enterar

El Periódico de Catalunya, 27.05.97

La arbitrariedad del poder en la larga noche de la dictadura dejó grabadas en nuestra memoria colectiva expresiones como: «no sabe Vd. con quien está hablando», o, «se va Vd. a enterar».

Así se amenazaba veladamente a los ciudadanos, usando un poder situado por encima de la Ley. Más valía, entonces, comportarse como el poder político quisiera. De lo contrario, la libertad y las haciendas peligraban.

Desgraciadamente, estos días hemos visto resucitar la forma de ejercer el poder que subyace detrás de esas frases, que creíamos superadas para siempre. Hemos visto a un empresario denunciar en el Parlamento que un alto responsable del Gobierno, nada menos que el Secretario de Estado de Comunicación, le había amenazado con acabar en la cárcel, o ver sus empresas intervenidas, si no actuaba de acuerdo con los deseos del Gobierno y con los intereses de otros grupos empresariales privados dirigidos por reconocidos amigos del Sr. Aznar. Hemos sabido, estuperfactos, que la Guardia Civil pregunta quién va y quién no va a una manifestación en defensa de la enseñanza pública.

Aunque, afortunadamente, en democracia, sólo se va por decisión judicial, reglada y tutelada por los tribunales, estos acontecimientos causan una justificada alarma en nuestra sociedad.

Alarmado se ha mostrado, por ejemplo, el Sr. Pujol. En efecto, Pujol salió de su reciente entrevista con Aznar en la Moncloa garantizando expresamente de nuevo su apoyo parlamentario al Gobierno del PP para toda la legislatura. Pero 48 horas después, en una improvisada rueda de prensa en Perelada, se apresuró, sorprendentemente, a dar fecha de caducidad a ese apoyo parlamentario. Sólo lo mantendría, dijo, hasta el próximo mayo, es decir, hasta después de pasar el examen de Maastricht. Pero después, dijo también, se sentiría liberado de la pesada carga que, según él, representa, su apoyo al PP, que hoy justifica para conseguir un objetivo de tanta importancia histórica para España como es la entrada en la Unión Monetaria Europea.

¿Qué había cambiado en 48 horas? ¿Qué pasó entre la entrevista de Moncloa y la rueda de prensa de Perelada? ¿La posición del PP con respecto a la lengua catalana? Sin duda no, porque ya sabía Pujol de sobra cuál era esa posición cuando votó la investidura de Aznar. ¿La financiación de la sanidad? Sin duda tampoco. ¿Alguna discrepancia en política económica? No hay razones para ello, porque los nuevos datos siguen siendo positivos. En realidad, sólo hay una razón y un acontecimiento entre Moncloa y Perelada: la comparecencia del Sr. Asensio en el Congreso de los Diputados. Ningún demócrata podía dejar de dar a lo que allí se dijo la importancia que tiene. Por eso, de forma casi instantánea, el Sr. Pujol que sabe muy bien el rechazo que estos comportamientos generan en nuestra sociedad, y muy especialmente en Catalunya, trató de evitar el coste que para CiU tiene apoyar a quien así se comporta.

El Gobierno se justifica diciendo que esas amenazas eran sólo «expresiones coloquiales» usadas en una conversación informal y privada. Faltaría más, desde luego nadie espera que estas cosas se digan ante notario o se remitan por correo certificado...

Pero esa excusa no es de recibo, porque en el ejercicio de una tarea institucional tan importante como la de Portavoz del Gobierno no cabe utilizar ni siquiera «coloquialmente» este tipo de expresiones y actitudes. ¿O es quizá el mismo lenguaje «coloquial» el que se utiliza para denunciar por boca directa del Presidente del Gobierno que los socialistas han perdonado los impuestos a sus «amiguetes»? ¿Es también una expresión «coloquial» acusar a los socialistas de haber hurtado documentos de la Administración Tributaria para ocultar sus tropelías? ¿Es también «coloquial» acusar al anterior Presidente del Gobierno de ser el jefe de una banda asesina? ¿Fue también simplemente «coloquial» y sin importancia la charla del Sr. Cascos y el abogado del Sr. Amedo en el despacho del Director de «El Mundo»?

Desgraciadamente, éste es un grave ejemplo de un estilo político que enturbia la situación de la economía española y puede ponerla en peligro.

Ciertamente, nuestra economía atraviesa hoy una fase de expansión y estabilidad notables, como lo hacen las economías europeas y americanas, una vez superadas las crisis provocadas por la reunificación alemana y las tormentas monetarias de principio de los 90. Y los socialistas somos los primeros en alegrarnos, porque, entre otras razones, buena parte del éxito que ahora se recoge es consecuencia de las políticas que nosotros aplicamos. Pero debemos advertir que esta dinámica positiva puede verse truncada por un uso del poder político que cuestione, no sólo las libertades de empresa, sino la pura y simple libertad de los ciudadanos a la hora de emitir sus opiniones o decidir su comportamiento.

Nadie debería sentirse atemorizado por tener que enterarse de algo. Nadie debería tener que saber con quien habla para esperar ventajas o temer sanciones que no estén precisa y previamente establecidas en las Leyes.

En la práctica, la democracia y las libertades se basan en el respeto a dos principios: el primero, como decía Rousseau, es el carácter general de la Ley. No se pueden hacer Leyes para ser aplicadas específicamente a un particular con nombres y apellidos. Cuando, aduciendo urgencias y necesidades inexistentes, se suben los impuestos que gravan el uso de determinados descodificadores de televisión, la Ley se deslegitima porque ya no persigue un interés general sino que trata de perjudicar a unos intereses particulares.

El segundo principio es que nadie debería temer sufrir represalias por sus opiniones ni por la administración que haga de sus intereses. Cuando eso ocurre, cuando un funcionario puede temer por su carrera administrativa si acude a una manifestación porque discrepa de la política educativa del Gobierno, o cuando un empresario es amenazado «coloquialmente» con sufrir perjuicios económicos o acabar en la cárcel, si no obedece los dictados del Gobierno, entonces hay razones para rechazar el estilo de un Gobierno basado en la descalificación, la calumnia, el insulto, la represalia y la amenaza a los discrepantes.

GIRO A LA IZQUIERDA

El Periódico de Catalunya, 8.06.97

Hasta ahora, la izquierda no había tenido fuerza suficiente para imponer sus prioridades sociales en los compromisos necesarios para construir Europa.

Muchas veces la izquierda ha gobernado en Europa. Pero, cuando gobernaba en muchos países, faltaban los más fuertes. Y cuando gobernaba en los más fuertes, no eran muchos a la vez. Willy Brand coincidió con la derecha en Francia y cuando gobernaba Mitterrand, Kohl lo hacía en Alemania y Thatcher en Inglaterra. Después, la derecha gobernó en esos tres países a la vez, mientras la izquierda quedaba aislada en España y los países nórdicos.

Pero en este mayo del 97, con la aplastante victoria de Blair en Inglaterra y de Jospin en Francia, Europa ha girado a la izquierda. Por primera vez, tiene el número y la fuerza. Gobierna en 11 de los 15 países de la Unión, en 4 de los 6 fundadores del Mercado Común, y en 3 de los 4 de mayor población y riqueza. Ahora puede impulsar el modelo europeo, basado en la libertad política y el progreso económico, sin tener que renunciar a la protección social, que es lo que lo distingue de los modelos del resto del mundo.

Ahora puede dar una respuesta más eficaz al cáncer de sus 18 millones de parados y evitar que Europa se convierta en una colonia de la tecnología japonesa y la cultura americana.

El desarrollo sostenible

La Vanguardia, 6.06.97

Cinco años después de Río, la relación entre crecimiento y medio ambiente constituye el mayor problema de nuestro tiempo.

Nuestro mundo globalizado, dividido entre un Norte opulento que perece de indigestión y un Sur que destruye su patrimonio natural para tratar de salir de la miseria, tendrá que escoger entre suicidarse o aprender a vivir de forma más solidaria y responsable.

El mundo desarrollado ha conseguido un alto nivel de bienestar material, de salud, movilidad y hábitat. Pero a costa de sobreutilizar los recursos naturales y de un grave deterioro del ecosistema.

Cada vez es más evidente que ese modelo es insostenible y que no puede extenderse al resto del planeta. Si los 6.000 millones de terrícolas consumieran como lo hacemos los más ricos, la catástrofe ecológica sería inevitable, porque harían falta otros 3 ó 4 planetas-tierra más para suministrar recursos y almacenar residuos.

Pero tampoco será sostenible un desarrollo basado en la coexistencia de la miseria y la riqueza. Por eso, el gran problema de este fin de siglo es conciliar un crecimiento que permita erradicar la pobreza de la mayoría de los seres humanos (el 40% de la población mundial apenas sabe qué es la electricidad) y la protección del medio ambiente.

Nuestra percepción de este problema ha cambiado mucho en las últimas décadas. La preocupación de los años 60 y 70 era el agotamiento de los recursos naturales a escala mundial, como advertía el Club de Roma en su famoso informe «The limits to growth». El crecimiento económico aparecía entonces como básicamente incompatible con la protección del medio ambiente y se temía que las políticas medioambientales tuvieran repercusiones muy negativas sobre el comercio, el crecimiento y el empleo.

Afortunadamente, hemos salido del callejón sin salida al que conducía el «crecimiento cero», sustituyéndolo por el concepto de «desarrollo sostenible», entendido como aquél que permite satisfacer las necesidades del presente sin poner en peligro a las futuras generaciones.

También somos hoy conscientes de que los problemas medioambientales son muy distintos según el nivel de desarrollo. Hemos comprendido, como dijo Indira Gandhi, que la peor contaminación es el subdesarrollo; que los problemas medioambientales más graves de los países más pobres (la explosión demográfica, la escasez de agua potable o la destrucción del bosque tropical...) son consecuencia de una renta muy baja que no permite hacer frente a las necesidades básicas del presente y que impide la preocupación por el futuro.

Los países desarrollados tenemos otros problemas ambientales: el consumo excesivo de agua y energía; la lluvia ácida, la contaminación atmosférica, la «sobreocupación» del espacio por los automóviles o por las infraestructuras de transporte; los residuos, etc.

Pero ha sido el mayor bienestar y educación generados por el desarrollo económico, lo que ha exigido mayores niveles de calidad ambiental, y ha permitido avanzar en la solución de algunos problemas, como la eliminación de los productos que dañan la capa de ozono o la depuración de aguas residuales.

Ello ha llevado a algunos a situarse en el extremo opuesto a los defensores del «crecimiento cero», proclamando que el crecimiento económico es, en realidad, favorable al medio ambiente. Sin embargo, esta visión olvida que los avances en la protección del medio ambiente se han producido, casi exclusivamente, en los problemas locales y en aquellos cuyos efectos se perciben en el presente. Se ha avanzado mucho menos en solucionar los problemas que se originan en una zona pero que afectan a los habitantes de otras y, menos aún, en los que afectarán a las generaciones futuras.

En realidad, la amplia gama de problemas medioambientales refleja las diferencias entre el mundo real y los supuestos del modelo teórico de libre competencia, que predicen una asignación eficiente de los recursos económicos cuando los consumidores y las empresas actúan maximizando su satisfacción o su beneficio. El mundo real está plagado de los «costes externos» que producen los agentes económicos cuando utilizan los recursos medioambientales para la producción o el consumo, pero que ellos mismos no soportan, sino que los trasladan al resto de la sociedad o a las generaciones futuras.

Por esta razón, dejar al mercado la exclusiva responsabilidad del uso de los recursos medioambientales, conduce a una mala asignación de los mismos desde la doble perspectiva de la eficiencia y de la equidad. El desarrollo sostenible requiere, ineludiblemente, una actuación reguladora de los poderes públicos, que integre el objetivo medioambiental en todas las políticas.

El cambio climático, producido por la acumulación en la atmósfera de gases, de «efecto invernadero», fundamentalmente CO2, es un buen ejemplo de estos problemas.

La mayor responsabilidad corresponde al mundo industrializado, que ha utilizado la atmósfera como depósito de sus residuos durante décadas y produce hoy el 50% de las emisiones de CO2.

Es obvio, por tanto, que los países desarrollados deben ser los primeros en tomar medidas para reducir sus emisiones y asumir los costes de ajuste que ello conlleve. Pero mientras algunos países occidentales hacen un notable esfuerzo de reducción, los países en desarrollo están aumentando muy rápidamente sus emisiones. Dentro de 50 años el peso de la OCDE será sólo del 25% y, en cambio, serán cada vez mayores las emisiones de China, India, los países del este de Europa y de la antigua URSS.

Pero sería inaceptable negar a estos países la posibilidad de acceder al bienestar material del que otros ya disfrutan desde hace varias décadas. ¿Cómo decirle a China, que sólo produce el 10% de las emisiones de CO_2 y dispone de cantidades limitadas de carbón, que no puede usarlo para aumentar su bajo nivel de vida porque pondría en peligro la Tierra, cuando cada chino contribuye 25 veces menos que un occidental medio a crear ese problema?

¿Se puede esperar que Bangladesh congele sus emisiones de CO_2 a sus casi despreciables niveles actuales mientras EEUU siga emitiendo cinco toneladas anuales por habitante?

Por ello, un elemento indispensable de la estrategia frente al cambio climático es el reconocimiento de un esfuerzo compartido, pero diferenciado, de todos los países en función de su mayor responsabilidad en la creación del problema.

Para ello hará falta un esfuerzo de cooperación internacional que no parece posible sin un cambio en los valores dominantes en nuestra sociedad. No se puede esperar que quien está sufriendo hambre se preocupe de no agravar problemas que se plantearán dentro de 20 años si, al mismo tiempo, la parte desarrollada de la humanidad vive repitiendo lo que decía Marx (don Groucho), «¿Por qué debería yo preocuparme por el futuro? ¿Qué ha hecho el futuro por mí?».

Pues sí, debemos preocuparnos por nuestro futuro común. En un momento en que las ideologías se difuminan, el concepto de desarrollo sostenible, situado en la encrucijada de la ecología, la economía, lo social y lo cultural, puede movilizar las energías políticas y científicas necesarias para construir un futuro que quepa en los límites de nuestro mundo finito.

PRIVATIZACIONES Y AJUSTE

El Siglo, 16.06.97

La previsión de ingresos del Presupuesto de 1997 no resiste la comparación con la recaudación real de 1996. Para cumplirla, los impuestos directos deberían aumentar en más de un 12%, es decir, el doble de la tasa de crecimiento nominal de la economía, lo que, teniendo en cuenta la congelación salarial de los funcionarios y la desfiscalización de las rentas del capital, es realmente difícil de conseguir.

El Gobierno atribuye la caída de la recaudación de 1996 a que la Seguridad Social no ha ingresado en Hacienda 160 mil millones de retenciones del IRPF. Es difícil de entender que se pueda justificar que la Seguridad Social se comporte de una forma que, para un agente económico privado, constituiría un delito de apropiación indebida.

A pesar de ello, el Gobierno insiste en que no será necesario un nuevo ajuste presupuestario para cumplir el objetivo de déficit público. Pero, en la práctica, el ajuste se está produciendo ya, sin necesidad de que el Consejo de Ministros lo apruebe formalmente.

Por la parte del gasto, se está reduciendo la inversión pública de forma dramática. El crédito para inversiones de 1996 se ejecutó sólo en un 75%, 12 puntos menos que en 1995. Esa reducción se está aplicando también a las inversiones de 1997, sin que ninguna decisión del Consejo de Ministros lo haya anunciado. Los sectores de la construcción y de ingenieria civil están soportando los efectos de la suspensión de las inversiones públicas y lo pagarán muy caro en términos de actividad y empleo cuando se agote la cartera de obras en ejecución.

Un año después del cambio de Gobierno, son multitud los proyectos de obra pública insistentemente reclamados por el PP desde la oposción que ni siquera se han licitado.

Pero el ajuste encubierto más importante se está haciendo por la parte del ingreso. El Presupuesto de 1997 estimaba unos ingresos por privatizaciones de 450.000 millones de pesetas. Esta cifra fue elevada, en declaraciones del Gobierno, hasta 800.000 millones de pesetas. Pero en el Programa de Convergencia se habla ya de unos ingresos por privatizaciones del orden de 1,6 billones de pesetas, es decir, más de tres veces lo inicialmente presupuestado.

¿Qué está ocurriendo? Simplemente que para cubrir los agujeros creados por una política fiscal laxa y regresiva se está enajenando de forma masiva el patrimonio empresarial público. Sólo de esta manera puede pretender el PP conseguir un déficit presupuestario compatible con la convergencia europea, aunque ya se verá si la Unión Europea acepta que estos ingresos sean computables para calcular el déficit público según los criterios de Maastricht. En principio, no deberían serlo, pero si Alemania reduce el déficit revalorizando el oro del Bundesbank, ¿por qué no valdrían también las plusvalías obtenidas de la venta de acciones de Telefónica o Endesa?

En realidad, la relación entre déficit público y privatizaciones está llena de falsas ideas. La más frecuente es la que presenta las privatizaciones como una forma de reducir el déficit público. En realidad, las privatizaciones no reducen el déficit público; son, simplemente, una forma de financiarlo. Ningún empresario diría que cubre sus pérdidas vendiendo sus activos, porque distingue muy bien la cuenta de explotación de la de capital. Ninguna família diría que compensa sus agujeros de fin de mes vendiendo su casa. Lo mismo le ocurre al Estado: las privatizaciones son una forma de convertir el activo constituido por participaciones financieras en sociedades, en otro activo, dinero líquido, que aplicado a la financiación del déficit reduce la emisión de Deuda Pública. Pero eso no reduce el déficit, sino que lo financia de forma distinta.

Hay que recordar que el Partido Popular prometió que la privatización de empresas públicas solamente se usaría para amortizar Deuda

Pública y no para poder gastar más ni para financiar más cómodamente el déficit del ejercicio.

Pero, una vez llegado al Gobierno, el Partido Popular ha cambiado radicalmente, también en esto, su discurso electoral. Todos los Ministros predican en todo el país que todos los problemas serán resueltos con los recursos provenientes de las privatizaciones. El Ministro de Industria asegura en Asturias que con las privatizaciones se financiará la reconversión de las cuencas mineras. En Aragón, se asegura que se dedicarán a financiar los nuevos regadíos. El Ministro de Fomento los usará para financiar los trenes de alta velocidad. La Ministra de Medio Ambiente jura que con las privatizaciones se financiarán las nuevas depuradoras. Los diputados de Convergencia i Unió aseguran que el Gobierno les ha garantizado que con los recursos procedentes de las privatizaciones se financiarán obras no incluídas en el Presupuesto del 97, como la autovía Cervera-Igualada.

Asistimos así, a una lamentable ceremonia de la confusión en la cual, al mismo tiempo, en distintos sitios, el Gobierno asume diferentes compromisos para gastar la misma peseta. Se sigue diciendo que se dedicará a amortizar la deuda preexistente y se nos dice que se dedicará a financiar el déficit del ejercicio; y que permitirá aumentar los gastos por encima de los presupuestados. La privatización se ha convertido así en una especie de bálsamo de fierabrás como nuevo ejemplo de multiplicación de los panes y los peces contra toda lógica económica.

Pero lo preocupante de este ajuste encubierto es su falta de sostenibilidad en el tiempo. Supongamos que los agujeros fiscales del Presupuesto, o el mayor coste de la financiación autonómica, o las promesas de todos los Ministros, se financian en 1997 con los mayores recursos procedentes de privatizaciones. ¿Qué ocurrirá en los ejercicios presupuestarios futuros?

El PP se ha lanzado, tanto por razones ideológicas como de oportunidad, a la venta masiva de los activos públicos para salvar la convergencia europea. Pero el camino hacia Maastricht no se recorre al spring. Maastricht debe concebirse como una carrera de fondo, porque las exigencias de déficit público no sólo deben ser verificadas en el momento del ingreso en la Unión Monetaria sino también en los futuros ejercicios. Si este año liquidamos 1,6 billones de pesetas de activos públicos vendiendo prácticamente la totalidad de las joyas de la corona, empresas altamente rentables como Telefónica, Endesa, Repsol o Argentaria, ¿cómo equilibraremos los presupuestos de los siguientes ejercicios? Ni aun reduciendo a cero completamente la inversión pública sería posible cuadrar unos presupuestos que no contasen con estos ingresos, que son excepcionales e irrepetibles.

Además, al compás del proceso de privatización se está produciendo un cambio profundo, silencioso pero trascendente, de la estructura de poder de este país. Se está produciendo en España algo más que una privatización. Estamos asistiendo a una concentración del poder y el control sobre un núcleo muy importante de empresas, algunas de las cuales afectan a servicios públicos básicos. Y todo ello se hace en nombre de unos principios de liberalización que suenan bien pero que, en la práctica, no han conseguido ni siquiera evitar, por ejemplo, los incrementos de tarifas telefónicas urbanas que el PP aseguraba, cuando estaba en la oposición, que serían inncesarios porque la privatización y el incremento de competencia haría que todas las tarifas, sin excepción, bajasen.

¿Cuándo engañó el Partido Popular al pueblo español? ¿En su programa electoral o en sus declaraciones y su política de hoy? Seguramente, en ambas ocasiones.

De Yalta a Madrid

El Periódico de Catalunya, 12.07.97

En Madrid, de la mano de un socialista español, ha nacido una nueva Alianza para una nueva Europa. Hace medio siglo, en Yalta, al borde del mar Negro, Rusia, Inglaterra y EEUU acordaron efectuar elecciones libres en toda Europa para que la victoria abriese las puertas a una paz segura en un mundo mejor.

Pero, evidentemente, Stalin no tenía la misma concepción de unas elecciones libres que Roosevelt y Churchill. Un telón de acero dividió al mundo en dos bloques, el Ejército Rojo impuso regímenes totalitarios en toda la Europa del Este y construyó el muro de Berlín.

En Madrid, medio siglo después, después de la caída del comunismo y de la desaparición de la URSS, los adversarios de ayer se han asociado para sustituir el equilibrio del terror por la cooperación, han introducido a los europeos del Este en la familia occidental y han reconocido a Rusia lo que siempre quiso ser: una potencia indispensable para el equilibrio del mundo. De esta manera, Occidente demuestra haber aprendido que más vale ayudar a los vencidos, como lo hicieron los americanos con Alemania, en 1945, que humillarlos como en Versalles en 1919.

Ironías de la Historia, la seguridad de la nueva Europa, desde el Atlántico a los Urales, se organiza en torno a la vieja Alianza que fue creada como dique contra el comunismo. ¿Alguien hubiera podido imaginar, en medio del polémico referendum sobre la incorporación de España a la OTAN que, diez años después, una Rusia que ya no sería comunista, participaría en una conferencia como la que acaba de terminar en Madrid?

Todavía quedan muchos problemas. Nada será fácil, porque la democracia en el Este es todavía débil y balbuceante y Rusia es una potencia a caballo entre dos continentes. Pero en Madrid, la Historia ha reemprendido la tarea que en Yalta se quiso y no se pudo hacer.

¿LA ÚLTIMA GOTA?

La Vanguardia, 1.08.97

El vaso desborda por la última gota, la que cae después de que otras muchas, todas iguales, lo fueron llenando.

¿Ha sido la crónica anunciada del asesinato cruel de Miguel Ángel Blanco, la gota que ha desbordado la indignación de un pueblo y obligado a reaccionar, como nunca antes lo había hecho, al nacionalismo democrático vasco?

¿Habrá realmente un antes y un después del 12 de julio del 97, en la historia de la lucha contra el terrorismo de ETA? ¿Cómo valorar las causas y las consecuencias de la manifestación masiva de millones de personas en toda España? ¿ Se hubiese producido igual esa gigantesca expresión de repulsa social si Miguel Ángel hubiese recibido el tiro en la nuca sin secuestro previo ni plazo anunciado, sino, simplemente, como tantas veces había ocurrido antes, al cruzarse con sus asesinos por la calle? ¿Su muerte era la última necesaria para colmar el vaso del Sr. Ardanza y hacerle abrir los ojos para reconocer, por fin, que HB no es sino el «verdugo del pueblo vasco»? ¿Por qué no fueron suficientes las anteriores víctimas, doce en el último año, todas ellas igualmente inocentes?

En el pasado hemos asistido a otras impresionantes manifestaciones contra el terrorismo. Me lo recordaba durante la manifestación de Barcelona, roto por la emoción, un superviviente del horrible atentado de Hipercor, que hoy preside la Asociación de Víctimas del Terrorismo en Catalunya, que agrupa a 400 familias. Entonces, hace diez años, también salieron a las calles de Barcelona un millón de ciudadanos para expresar su horror ante esa barbarie ciega y atroz.

Pero entonces apenas nadie se movió en el País Vasco y ni aquí ni allí, apenas nadie cuestionó a HB. Esta vez, en cambio, las manifestaciones de protesta se han producido en toda España y todos los partidos políticos, PNV y EA incluidos, parecen, por fin, decididos a aislar a HB.

Si así fuera, esta diferencia sería realmente importante. Si se consolidase esta actitud podría ser decisiva para responder a la pregunta: ¿«y ahora qué»?, que ha quedado latente en el corazón y en la mente de todos los manifestantes. Aunque está por ver cuánto tiempo tardará el Sr. Arzalluz en volver a cultivar el no pero sí, o el sí pero no, al que nos tiene tan acostumbrados en su actitud frente a HB.

Pero primero, antes que nada, hay que estar preparados para saber que, desgraciadamente, la de Miguel Ángel puede no ser todavía la última estación del calvario que los violentos imponen a la sociedad española. Si las bombas lanzadas, pocos días después de su asesinato, contra el cuartel de la policía de Oviedo, hubiesen estado mejor dirigidas, podríamos estar ahora ante otro montón de cadáveres.

Frente a esta posibilidad, debemos todos evitar tanto el ansia de venganza como la pasiva desesperación. Y al mismo tiempo, seguir luchando contra el miedo social y contra la ambigüedad política que son, a fin de cuentas, las grandes fuerzas que permiten supervivir al terrorismo.

Hay que aislar políticamente a los violentos sin ambigüedades. Después de lo ocurrido es incomprensible que HB forme parte de la Comisión de Derechos Humanos del País Vasco. ¿Cuánto tiempo va a seguir todavía ahi? Aplaudamos al Sr. Ardanza cuando proclama que el asesinato de Miguel Ángel ha convertido a HB en el «verdugo del pueblo vasco». Pero preguntémonos por qué las anteriores muertes no habían impedido al PNV ir de la mano de HB al Tribunal Europeo de Derechos Humanos para denunciar la política de dispersión de los presos de ETA.

El miedo individual puede dificultar el aislamiento de HB. El miedo puede inducir a todos los concejales de todos los partidos políticos del Ayuntamiento de Arrigorriaga a votar a favor de la moción de HB, dudando de que el reciente suicido (en opinión del juez) de un etarra en la cárcel de Albacete sea realmente un suicido. El miedo, sólo el miedo, puede justificar al jurado que absolvió recientemente al abertzale que asesinó, disparándoles a bocajarro, a dos policías vascos.

Se puede entender el miedo de cada cual y no se puede pedir a cada individuo que se convierta en un héroe. Pero no se puede justificar el oportunismo de las organizaciones políticas. ¿Cómo puede explicar IU que sus concejales se abstengan en la moción de censura contra el alcalde de HB en Mondragón? ¿A qué votos pretende cautivar ese dirigente del PNV que, al día siguiente de su liberación, supone que Ortega Lara ya tendría, ya, alguna actividad que justificase su calvario?

¿Por qué el portavoz del PNV en el Congreso sigue insistiendo en pedir el reagrupamiento de los presos de ETA para así «quitar razones a los terroristas»? ¿Pero de verdad cree alguien todavía que necesitan razones para seguir practicando el tiro en la nuca?

En estas circunstancias, en mi opinión, nos enfrentamos a dos riesgos: la aceptación de la rutina terrorista por una parte y la «ulsterización» de la sociedad vasca por otra. Entre ambos escollos el camino es estrecho y para evitar uno corremos el riesgo de chocar con el otro.

La aceptación del terrorismo como rutina puede verse favorecida por el desencanto social provocado por la falta de respuestas políticas eficaces. En realidad me temo que antes del asesinato de Miguel Ángel estábamos ya instalados en esta rutina. Los asesinatos que no se anuncian de antemano y que no llenan horas de angustiosa espera sacuden menos las conciencias. Así es, y quizá es inevitable que así sea, en una sociedad mediatizada por los grandes sistemas de información colectiva.

Razón de más para aprovechar la emoción compartida que sacudió España, porque ese tipo de emociones crean las identidades colectivas y las legitimidades políticas. Alegrémonos, además, de que, por una vez en nuestra Historia, las estemos creando en torno a los derechos constitucionales y a la paz social y con una participación masiva de la juventud.

Pero mantener viva la emoción colectiva no puede ni debe conducir a la «ulsterización» de la sociedad vasca, al «apartheid» sociológico de simpatizantes o votantes, presuntos o reales, de HB, provocando la ruptura creciente de los vínculos ciudadanos.

Debemos todos, pero sobre todo los responsables políticos, demostrar que somos capaces de avanzar por ese estrecho camino por el que la última gota de sangre y paciencia parece habernos encauzado. En ello nos jugamos la convivencia y, algunos, la vida.

Una cada minuto

El Periódico de Catalunya, 3.08.97

Los contraceptivos, la guerra y el SIDA disminuyen el crecimiento de la población mundial. A pesar de ellos, dentro de 50 años, la Tierra tendrá que acoger a 3.500 millones más de seres humanos.

En algunos países se nace menos, en otros se muere más. En la India la planificación familiar ha hecho bajar la tasa de fecundidad de 4'5 a 3'4 hijos por mujer. Sigue siendo el doble que en España, donde parece que el futuro nos interesa tan poco que ni siquiera nos tomamos la molestia de reproducirnos.

En Africa y en el Sudoeste asiático, el SIDA ha aumentado la tasa de mortalidad en un 25%. Sabemos que el SIDA contamina cada año a tres millones de personas, de las cuales 300.000 son niños menores de 5 años, y que el virus se extiende de forma alarmante en las antiguas repúblicas soviéticas. Pero nadie sabe cuántas muertes causan las terribles guerras tribales y sus macabros cortejos de refugiados.

En media mundial, cada mujer tiene 3 hijos. Pero lo terrible es que, según la ONU, unas 600.000 mujeres mueren cada año por causas relacionadas con su embarazo, fundamentalmente por el uso de métodos contraceptivos inadecuados. Eso implica que la reproducción de la especie humana le cuesta la vida a una mujer cada minuto que pasa.

¿Quieren conocer otro dato terrible? Cada año, dos millones de niñas del tercer mundo, menores de 15 años, entran en lo que se llama el «mercado sexual», al que acuden charters especialmente organizados, llenos de la soledad y frustración de nuestro mundo rico que no ha cumplido sus compromisos y ha aportado al desarrollo de la salud maternal menos de la mitad de lo acordado en la Conferencia sobre Población de 1994.

No quiero amargarles las vacaciones, pero, cuando se publican estos datos en sesudos informes que resbalan sobre nuestra indiferencia, no se puede evitar cuestionar las bases culturales y políticas de eso que llamamos progreso.

De Suresnes a Ermua

El Siglo, 4 al 18 de agosto 97

El principio del verano de 1997 habrá quedado marcado por dos acontecimientos políticos de gran importancia: el final del ciclo político del socialismo democrático iniciado en Suresnes y el inicio de una nueva etapa en la lucha contra el terrorismo de ETA, después del asesinato del concejal de Ermua, Miguel Ángel Blanco.

Dos acontecimientos que nada tienen que ver entre sí, pero que han puesto en marcha, en sus ámbitos respectivos, nuevos y positivos procesos de cambio político en la sociedad española.

No es sin duda, la primera vez que se producen masivas manifestaciones de repulsa contra el terrorismo. Hace diez años, en Barcelona también hubo un millón de manifestantes contra el bárbaro atentado de Hipercor. Pero entonces apenas nadie se movió en el País Vasco y HB no fue directamente cuestionada. Esta vez, en cambio, toda España, y en primer lugar el propio País Vasco, se ha movilizado y todos los partidos políticos, incluídos los nacionalistas democráticos, se han pronunciado firmemente a favor del aislamiento de HB.

Esperemos que realmente haya un antes y un después del 12 de julio en la lucha contra el terrorismo. Las palabras del Sr. Ardanza, calificando a HB de «verdugo del pueblo vasco» pueden representar el fin de la ambigüedad del PNV. Nunca es tarde si la dicha es buena, aunque haya que desconfiar de las reacciones emocionales producidas por un odioso asesinato retransmitido a cámara lenta en toda su alevosía y premeditación.

En realidad, sólo el repique mediático sobre la emoción de un pueblo, que contó en minutos de telediario la crónica de una muerte anunciada, distingue el asesinato de Miguel Ángel de otros tiros en la nuca disparados sin previo aviso. Todos los anteriores muertos fueron igualmente crueles e injustos, pero no fueron, al parecer, suficientes para producir esta condena sin paliativos de los verdaderos responsables del terrorismo. Esperemos que después de Ermua, de verdad, ningún demócrata les apoye con sus votos para que ejerzan ningún poder institucional ni comparta con ellos ninguna causa común.

En este sentido, es preocupante que IU no haya votado la moción de censura contra el alcalde de HB en Mondragón.

Y preocupa también que todavía haya quien, como el portavoz del PNV en el Congreso, crea que el acercamiento de los presos de ETA al País Vasco sea necesario para «quitar razones a esos chicos».

Es en cambio, enormemente esperanzador ver como nuestra sociedad se ha movilizado en la defensa de los valores constitucionales y de la paz social. Estos días hemos compartido emociones sobre las que la Historia cristaliza las identidades colectivas y las legitimidades políticas.

Este electroshock social debe ser aprovechado para desterrar la ambigüedad política y luchar contra el miedo social, evitando, a la vez, entrar en un proceso de «ulsterización» del País Vasco y caer de nuevo en la resignación frente a la rutina terrorista, si ésta siguiera repitiéndose de forma menos mediática y aparentemente inevitable.

Entre ambos peligros, el camino es estrecho. De que seamos, o no, capaces de encontrarlo, depende que Ermua sea el inicio de un nuevo ciclo político o uno más de una larga cadena de asesinatos.

En cambio, es seguro que el ciclo iniciado en Suresnes ha terminado y que el socialismo democrático ha iniciado una nueva andadura, caracterizada por la renuncia de Felipe González a ser elegido de nuevo Secretario General del PSOE, la fuerte y madura personalidad política del nuevo Secretario General, Joaquín Almunia, y la amplia renovación de la Comisión Ejecutiva, de la que me honra formar parte.

Nadie duda ya de la necesidad de ese cambio. Pero también sabemos todos que no se hubiera producido si Felipe González no lo hubiese, más que propiciado, impuesto, con su negativa a seguir asumiendo la Secretaría General. Creo que era perfectamente consciente de que, después de 14 años de gobierno le era difícil, si no imposible, ejercer de forma eficaz y contundente como líder de la oposición. Que sabía que ese papel requería unas nuevas coordenadas psicológicas e intelectuales, que debían ser aportadas por una nueva personalidad, dispuesta a batirse el cobre todos los días en los lances parlamentarios y en el contacto vivo y abierto con las dinámicas sociales emergentes, con la política «desde abajo» y en cotidiano, con mayor presencia en las provincias españolas que en los foros internacionales.

Esa nueva personalidad requería, a la vez, haber acumulado una amplia experiencia de partido, sindical, de gobierno y parlamentaria, pero también, haber estado alejado de las responsabilidades gubernamentales de los últimos años, circunstancias que se dan todas, de forma positiva, en Joaquín Almunia, nuestro nuevo Secretario General.

Por eso creo que hizo bien Felipe renunciando a presentar su candidatura. Y quizá no había otra forma de hacerlo que como lo hizo, de sopetón y por sorpresa. De lo contrario, quizá no le hubiésemos dejado hacerlo. Su decisión obligó al Partido Socialista a buscar una solución de recambio en 48 horas, que no podía ser sino por consenso, buscando la máxima integración posible por encima de etiquetas y de lealtades personales. Y creo que todos hubiésemos deseado que esa integración hubiera sido todavía mayor y estamos dispuestos a trabajar para conseguirlo.

Ahora nos toca pasar de una cultura política excesivamente referida a una persona, a otra más basada en un proyecto alternativo al de la derecha conservadora, que se perciba como distinto por los ciudadanos, capaz de conseguir un progreso sin exclusión social ni divergencias territoriales y de aglutinar en su entorno una nueva mayoría social que permita llevarlo a la práctica.

Ahora hay que pasar de las etiquetas que nos han dividido y debilitado a las actitudes, inevitablemente protagonizadas por personas, que nos unan y nos prestigien. Hay que avanzar mucho más en los procesos de democratización interna y de apertura social del Partido Socialista, para que la voluntad democrática de los hombres y mujeres que lo representan en la vida cotidiana sea el motor de la renovación y se exprese de forma cada vez más directa.

A partir de ahora, ya sin la referencia cómoda y sacralizada al criterio y el carisma de un hombre, hemos de trabajar para que el PSOE cumpla mejor con las tres funciones que justifican su existencia como organización política: elaborar programas que permitan pasar de la retórica de los grandes ideales a la práctica del gobierno, seleccionar a los hombres y mujeres que deben protagonizarlos y, quizá lo que peor hemos hecho, socializar la política para evitar que la democracia se reduzca al acto formal y periódico del voto.

En esta tarea, nadie debe constituir un problema, sin una parte de la solución. Esa es mi ambición como vocal de la nueva Ejecutiva. Y por eso se equivoca el editorialista de esta revista, que con tanta amabilidad me acoge en sus páginas, cuando me incluye entre los problemas que tendrá que afrontar el nuevo Secretario General. Nada más lejos de la realidad. Una vez elegido en el Congreso, el Secretario General del PSOE es el de todos los socialistas y él mejor que nadie sabe que puede contar con mi colaboración para definir y explicar nuestro proyecto político. El mundo al que nos enfrentamos es lo suficientemente nuevo, complejo y difícil para que quepan diferencias de opinión sobre las soluciones más adecuadas en cada momento concreto. Pero eso no será nunca un problema si el debate se hace desde la lealtad, el respeto a las decisiones de los Congresos y al servicio de la lucha por la igualdad y el progreso de los seres humanos que caracteriza al socialismo democrático.

La causa común

El Periódico de Catalunya, 6.08.97

Por sorpresa, pero sin traumas, la renuncia de Felipe González a ser elegido de nuevo Secretario General y la personalidad política de Joaquín Almunia han embarcado al socialismo democrático en una nueva andadura, que debe permitirle ejercer con mayor eficacia la oposición al Gobierno del PP.

La experiencia cotidiana nos muestra que muchos militantes y votantes socialistas lamentan la decisión de Felipe. Pero, por importante que haya sido su liderazgo, las ideas, los valores y los objetivos del socialismo son más importantes que las personas que en un momento histórico las representan.

Buen ejemplo de esta nueva actitud fue la afortunada referencia a la «causa común» de la izquierda que utilizó Joaquín Almunia en su discurso de clausura del 34 Congreso. Ya no habló del PSOE como la «casa común» que pretendía albergar y acoger a todos los que se reclaman de la izquierda, sino de un concepto mucho más amplio y más abierto: la «causa común», compuesta por los objetivos que compartimos y las razones que impulsan la acción política de los distintos partidos de la izquierda. Y además de eso, la voluntad de progreso de muchos hombres y mujeres de este país que no militan en ningún partido político.

La «causa común» a la que se refería Almunia es la de los ciudadanos que sienten que la igualdad entre los seres humanos, no sólo ante la Ley, sino también y, sobre todo, ante la vida, es un imperativo moral cuya satisfacción debe ser el primer objetivo de la organización social.

Es la causa de los que entienden la libertad como el conjunto de condiciones que permiten a todos concebir su propio proyecto vital e intentar llevarlo a la práctica, asumiendo la responsabilidad de sus propias decisiones.

Es la causa de los que creen que la democracia representativa y la economía de mercado son imprescindibles para hacer realidad los ideales de libertad e igualdad. Pero que no son suficientes, y que, muchas veces, la libertad económica abandonada a sí misma va en contra de la realización de estos principios.

La causa común de la izquierda a la que apeló Almunia se basa en la creencia de que, además de competir en el mercado, los hombres y las mujeres deben cooperar y que sólo una acción colectiva, políticamente organizada, puede corregir las desigualdades que el mercado crea y que no se justifican socialmente por las diferencias innatas entre los seres humanos.

Esa causa común debe definirse por sus objetivos y por las políticas que permiten alcanzarlos de forma efectiva y en plazos razonables. Ello requiere saber si se está a favor del principio de universalidad o del criterio de necesidad para aplicar los sistemas de protección social. Si se defiende un sistema público de pensiones porque representa un contrato que vincula entre sí a las generaciones, o se confía en el ahorro individual con grandes beneficios fiscales. Si se cree que la ciudad es un espacio políticamente organizado que exige limitar los derechos de los propietarios del suelo ó es el resultado de un mercado libre donde todo el suelo es urbanizable. Si el salario perjudica el equilibrio de los mercados o si es el precio mínimo que una sociedad está dispuesta a pagar para que todos tengan el sentimiento de pertenecer a ella.

Si hay que desregular y liberalizar todos los servicios de transportes, de energía o de comunicaciones, dejando que la competencia atienda sólo a las partes rentables y abandone las que no lo son, o hay que mantener servicios públicos financiados por el conjunto de los usuarios para que todos tengan acceso a ellos en todas partes. Si los impuestos deben ser proporcionales o progresivos. Si el sistema de protección social debe financiarse con cotizaciones basadas en los salarios que encarecen el factor trabajo y dificultan el empleo o deben gravar el conjunto de la riqueza producida, cualquiera que sea su origen. Si los incrementos de productividad deben orientarse a aumentar la producción de cosas cada vez menos útiles o usarse para reducir el tiempo de trabajo y organizar la sociedad de forma más convivial y con una mayor igualdad entre los sexos en la vida cotidiana.

Sobre estas cuestiones, los socialistas debatimos en nuestro último Congreso. Sobre las respuestas que seamos capaces de darles, tenemos que afrontar el reto del nuevo ciclo que ahora comienza.

Giro al futuro

La Vanguardia, 10.08.97

Ha pasado ya el mínimo tiempo necesario para analizar las nuevas perspectivas que el 34.° Congreso del PSOE ha abierto para la izquierda española, al tiempo que la izquierda europea vive un nuevo y variado dinamismo. Se ha cerrado así el ciclo político iniciado en Suresnes hace 22 años. Nadie duda ya que fuera necesario hacerlo. Pero todos sabemos también que no se hubiese producido si Felipe González no lo hubiese impuesto con su negativa a presentarse a la reelección como Secretario General. Todos éramos también conscientes de que su renuncia era un acto coherente de renovación que debía impulsar actitudes semejantes en el resto del Partido Socialista. Por eso, más allá del afecto que su persona despierta, los delegados no perdieron tiempo en intentar que reconsiderase su posición, como otras veces había ocurrido.

Esta actitud enderezó el rumbo de un Congreso en cuya preparación el debate programático había pasado totalmente desapercibido y sin la autocrítica necesaria para encauzar una renovación que no se limitase a la continuidad de unos o de otros en la dirección del partido. De esta manera, el Congreso que iba a ser el de la salida conflictiva de Alfonso Guerra de la dirección del PSOE fue el del cambio ejemplar, por sorpresa pero sin traumas, del liderazgo protagonizado por Felipe González durante casi un cuarto de siglo.

Mi primera reacción, fue decir «Papá se ha ido, ahora tenemos que demostrar que somos mayores...». De forma inmediata eso implicaba ser capaces, en 48 horas, de consensuar un recambio, que implicase la máxima integración posible, por encima de etiquetas y lealtades personales. En el futuro, «ser mayores» exige pasar de una cultura política excesivamente referida al criterio y al carisma de una persona a otra más basada en un proyecto alternativo al de la derecha conservadora, capaz de recibir de nuevo el apoyo de la mayoría social. «Ser mayores» exige también avanzar más, mucho más, en los procesos de democratización interna y de apertura social del Partido Socialista, para que la voluntad democrática de los hombres y mujeres que lo representan en lo cotidiano sea el motor de su renovación y se exprese de forma cada vez más directa.

Como suele ocurrir en los Congresos de los partidos políticos, y en este más que en ningún otro, los cambios en las personas dominan la escena mediática y ocultan el debate de ideas. Y sin embargo, las resoluciones políticas del 34.° Congreso han contribuido mucho a las propuestas del socialismo democrático en aspectos tan trascendentales como la reducción de la jornada de trabajo, el desarrollo sostenible, las consecuencias de la globalización económica sobre la financiación del sistema de protección social, el impacto social de las nuevas tecnologías, la construcción del Estado autonómico y el proceso de unidad europea.

En estos temas, la izquierda se juega su futura identidad. Desde mi puesto en la nueva Comisión Ejecutiva, me propongo contribuir a definirla y explicarla, colaborando con el nuevo Secretario General. Los socialistas hemos de aprovechar la oportunidad abierta en el 34.° Congreso para superar la lucha de etiquetas que nos han dividido y debilitado, desarrollando actitudes que nos unan y prestigien. Ello requiere al menos tres condiciones: avanzar más en la integración de las distintas corrientes y sectores que hoy componen un partido muy plural. Distinguir claramente lo que es la expresión, y a veces la inevitable confrontación, de intereses territoriales (en política hidráulica y financiación autonómica, por ejemplo), de lo que son posiciones situadas más o menos a la izquierda en el aspecto ideológico. Y finalmente, avanzar en la participación directa de los delegados y afiliados en la selección de los responsables orgánicos del partido y de los candidatos electorales, en lo que el PSC es, y debe seguir siendo, ejemplo de innovación política.

Ha habido muchos interrogantes sobre cuál hubiese sido el resultado si el voto personal y directo de los delegados, (que se producía por primera vez en la historia del PSOE, puesto que antes no votaban ellos sino sus cabezas de delegación), les hubiese permitido escoger entre distintos candidatos. Como nunca podremos saberlo, estas especulaciones son inútiles y hasta contraproducentes. En próximos Congresos podremos, y deberemos, avanzar más en la democratización interna y en la posibilidad de elegir entre distintas opciones ideológicas y/o personales, de forma más acorde con la transparencia que la sociedad requiere de los partidos políticos y con lo que ya se practica en otros países europeos.

Pero ahora todos debemos sumar y no restar. Enfrentados a las actitudes autoritarias de un gobierno que cada día muestra más la verdadera cara de la derecha española, al riesgo cierto de desarticulación territorial provocado por pactos autonómicos sin ton ni son, y a un proceso de construcción europea donde la izquierda, por primera vez, tiene el número y la fuerza necesaria para hacer valer sus prioridades políticas, las fuerzas progresistas tienen la obligación de sumar sus capacidades y esfuerzos.

El nuevo Secretario General, Joaquín Almunia, dejó clara esa voluntad con su llamamiento a la «causa común», en vez de seguir presentando al PSOE como la pretendida «casa común» de una izquierda cuya pluralidad, dentro y fuera de los partidos políticos, hacía demasiado egocéntrica esta oferta de alojamiento, por sincera y afectuosa que fuera. Pero no se es más o menos de izquierdas por la simple afirmación del deseo de serlo, o de aparentarlo, sino por la naturaleza de las propuestas políticas que se hagan y por el uso, a través del voto parlamentario, de la representación popular que se ejerce. Por eso, creo que el diálogo con la izquierda no puede limitarse a la búsqueda de acuerdos formales con la cúpula de IU, donde desgraciadamente predominan actitudes que nunca me han parecido representativas de la izquierda.

De igual manera que nunca me ha parecido progresista una visión de Europa que no tenga, de forma políticamente activa, al empleo como eje central de su construcción, y no lo abandone a las decisiones «técnicas» de autoridades monetarias independientes. Sobre estos dos ejes, en lo nacional y en lo internacional, tiene la nueva dirección del PSOE, de la que me honro en formar parte, que construir el giro hacia el futuro que la sociedad le reclama.

Memoria de agosto

El Periódico de Catalunya, 30.08.97

¿Qué recordar de este agosto que acaba? Yo me llevo la mente y la piel envueltos por la serenidad de las tardes de lluvia de Taüll, el olor verde húmedo de los remansos umbríos del Noguera y el color rojo ocre de los acantilados del Camarasa al amanecer. Pero más allá de nuestras pacíficas vacaciones, en este convulso mundo han ocurrido dos acontecimientos especialmente importantes.

Uno es la continua matanza de integristas islámicos en Argelia. A una hora de Mallorca en avión, los carniceros fanáticos han degollado a más de mil personas, niños y mujeres encintas incluidos. Recordemos que los integristas ganaron las elecciones locales y que el Ejército impidió la celebración de las generales. Pero, ¿qué sentido tiene el ritual democrático cuando se asesina a los niños que van a la escuela?

El otro ha sido el vaivén alocado del dólar, que ha ganado y vuelto a perder un 10% de su valor en pocas semanas. Nadie sabe por qué ni cuando volverá a ocurrir. Pero ¿qué sentido tienen los esfuerzos para ganar competitividad si los cambios de paridad pueden arruinarlos en cualquier momento? Ambos fenómenos representan las dos amenazas que acechan a la democracia: la tiranía de los mercados financieros en una economía globalizada y el antagonismo lingüístico, cultural o religioso que convierte de nuevo a la tribu y al territorio en el eje de la confrontación política. Entre las dos destruyen las bases del ejercicio de la democracia, que no puede subsistir sin un poder político capaz de ejercer sus responsabilidades y una sociedad civil fuerte y plural que lo controle.

Hoy los gobiernos y parlamentos no controlan las bandas de asesinos que matan en nombre de los pueblos que pretenden liberar y, menos aún, controlan a los capitales que hablan en nombre de los mercados que quieren liberalizar.

Entre la identidad impuesta y la rentabilidad exigida, el ciudadano puede desaparecer. Sólo quedará el consumidor y el miembro de la tribu. Pero, ¿cómo podría haber democracia sin ciudadanos?

VIRGINIA

El Periódico de Catalunya, 4.09.97

Virginia es una joven de un suburbio de Montreal que ha ganado, sola, una batalla contra las fuerzas del dinero y el poder.

Hace algunos años, su hermana pequeña fue violada y asesinada. Ante este horror absoluto e inaceptable, Virginia fue capaz de comprender que ese crimen era consecuencia de la aceptación difusa de la violencia en nuestras sociedades, aparentemente pacíficas, en las que la televisión, el más poderoso instrumento de formación de la mentalidad humana, vende violencia minuto a minuto, como forma normal y necesaria para ganar la batalla de la audiencia.

Virginia empezó entonces un combate desigual contra los financieros preocupados por la rentabilidad de sus cadenas de TV, los programadores obsesionados por la cuota de pantalla y los responsables políticos deseosos de dar al público lo que la gente pide.

Pero Virginia ha ganado. Ha sabido demostrar que los que venden la violencia como espectáculo son corresponsables de los crímenes que cometen los que imitan en la «vida real» lo que la pantalla muestra miles de veces al año.

Gracias a Virginia, una ley va a regular la difusión de escenas violentas en las televisiones de Quebec.

¿Un milagro? No, quizás sea sólo el triunfo de la convicción y de la democracia.

Lengua y libertad

El Periódico de Catalunya, 14.09.97

¿Qué extraño sentido de la libertad es el que abuchea a quién canta en su idioma, después de haber explicado, para todos, el sentido de su canción?

Esta pregunta, lanzada al público por el actor Pepe Sacristán, quedó flotando en la noche madrileña, frente a los gritos y silbidos que había cosechado Raimon con «País Basc».

La respuesta, querido Pepe, es bien clara. Es el mismo extraño sentido de la libertad que hizo escribir en las paredes de las calles de mi pueblo aquellos rótulos: «No hables catalán. Habla la lengua del Imperio».

¡Valiente Imperio! Pero no nos engañemos. El vergonzoso espectáculo de Las Ventas es la expresión del franquismo sociológico, que sigue vivo. Y por mucho que el PP quiera aparentar ser un partido de centro, representa a los que hoy piensan como los que eso escribían ayer.

Los demócratas hemos de esforzarnos para que la sociedad evolucione hacia la aceptación activa y positiva de su pluralidad lingüística.

Repudiar el uso de una lengua que alguien siente como propia es un atentado contra su identidad. Imponer el uso de otra, de cualquiera, también lo es. Porque todas son expresión de la más íntima libertad y deberían ser vehículos de convivencia.

Pero los aplausos a Raphael y los abucheos a Raimon no fueron quizá lo más preocupante de esa noche.

Si la intención pudo ser buena, el resultado fue penoso. Sobró folklore, risa y partidismo. Y faltó sensibilidad y unidad.

DOS AMENAZAS

El Siglo, 22.09.97

El curso parlamentario empieza de nuevo. Dentro de pocos días el Gobierno del Sr. Aznar presentará su segundo Presupuesto. El PSOE estrena un nuevo Secretario General y una nueva Comisión Ejecutiva. Nuestro grupo parlamentario acaba de elegir un nuevo portavoz y una nueva dirección, completando así la renovación de un partido que ha dejado de ser gobierno y pretende ejercer una oposición constructiva y responsable. Definitivamente, las vacaciones han terminado.

Pero mientras disfrutábamos de ellas, nuestro convulso mundo no ha dejado de girar. Incluso una princesa ha muerto en un accidente de circulación, huyendo a gran velocidad, ...para evitar que la fotografiasen en compañía de su notorio acompañante. La desorbitada emoción colectiva que esas lamentables muertes han producido demuestra hasta qué punto nuestras sociedades mediatizadas están ávidas de mitos, y hasta qué punto puede moldearse la psicología social para que la agente se extasíe ante el espectáculo de estilos de vida que les son inaccesibles.

Pero durante las vacaciones han ocurrido acontecimientos mucho más importantes. Me refiero, por ejemplo, a las continuas y masivas matanzas de campesinos indefensos, perpetradas por los integristas islámicos en Argelia. O a los alocados vaivenes del dólar, que ha ganado y vuelto a perder, en pocos días, un 10% de su valor con respecto al marco y la peseta, aunque se haya mantenido prácticamente estable con respecto al yen japonés. Ambos acontecimientos me parecen especialmente significativos de las amenazas que afectan a la democracia y merecen nuestra atención porque condicionan gravemente nuestro futuro.

Casi el mismo día que moría «Lady Di», una banda de carniceros fanáticos asesinaba a más de 300 personas en un barrio de Argel. La Unión Europea y la Comunidad internacional se estremecen pero se declaran impotentes. Las autoridades argelinas no desean ninguna clase de injerencia exterior pero no saben qué hacer frente a esa ola de violencia que se nutre a la vez del integrismo islámico y del bandidaje clásico, y que revela la crisis económica y cultural del Mediterráneo musulmán.

Recordemos que los islamistas ganaron las elecciones locales de 1991 y que el FLN, partido laico, suspendió, con la protección del ejército, las elecciones generales antes de que también las ganasen los integristas. Pero, ¿qué sentido tienen todavía las formas de la democracia, cuando el programa consiste en impedir que las niñas vayan a la escuela y las mujeres salgan de casa, asesinándolas, si es preciso, para convencerlas?

Ante estos acontecimientos, algunos observadores piensan que, en realidad, el islam y la democracia no pueden coexistir. Es cierto que, en la mayor parte de los países musulmanes, la democracia no ha sido jamás ensayada o ha fracasado en sus intentos de aplicación. Pero, en mi opinión, la amenaza para la democracia que estos acontecimientos representan va más allá de las coordenadas del islamismo y se manifiesta, incluso en el mundo cristiano y occidental, bajo la forma de los antagonismos lingüísticos, étnicos y religiosos que convierten de nuevo a la tribu y al territorio en los ejes básicos de la confrontación violenta entre los seres humanos.

Nuestro mundo vive dos dinámicas contradictorias pero que, de alguna manera se refuerzan mutuamente. Por una parte vemos cómo los odios locales vuelven a crear las viejas fronteras identitarias, étnicas y religiosas, en el interior de cada país, pero al mismo tiempo, el universalismo de los mercados de una economía globalizada suprime, en la práctica, la existencia de fronteras nacionales.

Este verano, una crisis monetaria en los países emergentes del sudeste asiático y la desconfianza sobre la fortaleza del futuro euro, ha provocado cambios de extraordinaria intensidad en las paridades del dólar con respecto a las monedas europeas, sin que nadie pueda predecir cuándo y porqué pueden volver a ocurrir. Pero, ¿qué sentido tienen los denodados esfuerzos para ganar competitividad internacional que tienen que hacer las empresas y los países reduciendo costes, congelando salarios, limitando la protección social y olvidando las restricciones medioambientales, si sus efectos pueden quedar anulados en poco tiempo por los cambios, erráticos o artificiales, en los tipos de cambio entre las monedas?

Estos acontecimientos reflejan las dos mayores amenazas a las que tiene que enfrentarse hoy la democracia, concebida como la voluntad común de decidir pacíficamente sobre nuestro destino colectivo en el marco de un Estado de Derecho. Por un lado la guerra santa, imponiendo identidades y particularismos, reales o imaginarios. Por otro, la tiranía de los mercados financieros que nos prometen la felicidad virtual de un mundo sin fronteras.

Aunque tienen raíces radicalmente diferentes, ambas amenazas comparten su indiferencia por la sociedad civil y la ciudadanía. El integrismo, no sólo el islámico, pretende fundar comunidades de sangre, tribales, fundadas en la exclusión y el odio y regidas por un paternalismo despótico o un consenso de notables. Los capitales errantes de los mercados mundiales pretenden que sus equilibrios, pretendidamente automáticos, basados en la satisfacción del consumidor y el beneficio del productor, se encarguen también de garantizar el interés público y el bien común.

Pero, en realidad, ni los mercados mundiales ni las comunidades de raza o religión están al servicio de la igualdad ni de la justicia. El drama es que, hoy, ni los gobiernos ni los parlamentos parecen poder controlar a las bandas de asesinos que hablan en nombre de los pueblos que pretenden liberar, o cuyas identidades pretenden preservar, en contra de su propia voluntad. Y, menos todavía, controlan a las masas de capitales que se desplazan a la velocidad de la luz de un extremo al otro del planeta, que hablan en nombre de los mercados que pretenden liberalizar para mayor felicidad de los cosumidores.

En este contexto, cualquier intervención de los poderes políticos se ve con desconfianza y los gobiernos, intimidados por la ideología dominante de la sociedad de mercado, se eclipsan, justo cuando más falta hacía que ejercieran sus responsabilidades. Por ello, sería bueno que, en este principio del nuevo curso parlamentario, comprendiéramos que la democracia no puede subsistir sin un poder político capaz de defender los intereses colectivos y de una sociedad civil fuerte y plural que lo controle. Ni mucho menos puede subsistir sin ciudadanos que la ejerzan y que éstos son algo más que consumidores o miembros de una tribu.

INFLACIÓN Y PENSIONES

El Periódico de Catalunya, 30.09.97

A finales de julio, el jefe de la Oficina Presupuestaria del Presidente del Gobierno decía: «a los pensionistas les subiremos en 1998 un 1'5%, rebajándoles lo que han cobrado de más este año porque la inflación real será inferior a la prevista». El propio Secretario de Estado para la Seguridad Social ratificaba la decisión de absorber en 1998 las décimas de ganancia de poder adquisitivo que tendrían los pensionistas si el IPC de 1997 fuese inferior al previsto.

Es decir, que mientras los inversores en Bolsa acumulan plusvalías de más del 30% y se les rebajan drásticamente los impuestos hasta el 20%, menos de lo que le retienen a un jubilado por los intereses que obtiene de su cartilla de ahorros, el Gobierno del PP creía que no se puede mejorar en unas décimas la capacidad adquisitiva de las pensiones. Mientras la economía española, impulsada por una situación internacional extremadamente favorable, crece más de lo esperado, el PP consideraba justo y necesario regatear 400 pesetas a las 1.500 al mes que previsiblemente subirán en promedio las pensiones el próximo año.

Ante esta situación, los diputados socialistas presentamos una proposición de Ley e interpelamos al Gobierno en el Congreso para que no se descontase a las pensiones la posible diferencia entre la inflación prevista y la real de 1997.

La respuesta fue, a la vez, confusa y virulenta. Nuestra propuesta fue rechazada por los votos de la coalición PP-CiU. El Ministro de

Trabajo, con evasivas y circunloquios, posponía para fin de año la decisión definitiva. En un popular programa radiofónico, el Presidente de la Comisión de Economía del Congreso, me trataba a gritos de «frívolo e irresponsable» por haber hecho semejante propuesta. Pero a medida que aumentaba el rechazo social a sus declaradas intenciones, el Gobierno se parapetaba tras la necesidad de esperar a sesudos estudios jurídicos sobre la interpretación de las Leyes. Pretendía así convertir en un debate legal una decisión política que las Leyes debían instrumentar, cambiándolas si fuera necesario.

Pero, por fin, ante una pregunta directa del portavoz socialista en el pleno del Congreso, el Presidente Aznar tuvo que aceptar que no descontaría de las pensiones la posible diferencia entre la inflación real y la prevista en 1997.

¿Para qué entonces tanto jaleo? ¿Tantas declaraciones contradictorias, tanta preocupación creada a siete millones de pensionistas, tantas mociones, interpelaciones y preguntas, para que al final el Gobierno acabe haciendo lo contrario de lo que había anunciado?

Seguramente, una vez más, el PP pretendía aparecer primero como riguroso y severo para acabar siendo generoso y magnánimo. Pero, en realidad, no hay ninguna magnanimidad, porque los 46.000 millones que se podrían ahorrar si se efectuase el descuento que proponían, están ya previstas en el Presupuesto y, según proclama el Gobierno, no habrá desequilibrio en las cuentas de la Seguridad Social. Y si fuera necesario, bastaría con dedicar a este objetivo una mínima parte de los ingresos adicionales de las privatizaciones o reducir los abultados beneficios concedidos a los grandes patrimonios, a las compañías eléctricas, a los concesionarios de autopistas o a sus amigos de Telefónica.

Pero toda la discusión y el forzado cambio de posición del PP puede ser inútil si al final resultase que la inflación real fuese igual a la prevista. Muerto el perro se habría acabado la rabia. Y mucho me temo que algunas medidas que el Gobierno ha ido tomando entretanto, como el reciente incremento de los impuestos especiales, puedan servir para eso. No iban a subir los impuestos, (¿lo recuerdan?), pero, por ejemplo, ya han subido un 30% el impuesto sobre el tabaco y han autorizado a Tabacalera subidas de precio que han hecho las delicias de sus accionistas, que han ganado un 20% en 15 días. Esto permitirá ingresar 60.000 millones adicionales, pero, además, aumentará la inflación en décimas, que pueden servir, mire Vd. por donde, para eliminar el problema político del ajuste en las pensiones.

Así, fabricando inflación a golpe de aumento en los impuestos indirectos, se matan dos pájaros de un tiro. Se aumenta la recaudación en 60.000 millones y no hay que aumentar el poder adquisitivo de las pensiones en otros 46.000 millones. Por eso, mucho me temo que cuando Aznar se ve obligado a ceder, no esté ya concediendo gran cosa, porque mientras tanto ha tomado medidas que harán que la inflación real aumente hasta coincidir con la prevista.

En realidad, todo este episodio forma parte de la ofensiva permanente que el PP dirige contra el sistema público de pensiones, para substituirlo por un sistema privado de capitalización, que representa una gran ocasión para el sistema financiero de ampliar su campo de negocios.

Y que no me digan que la generosidad de unas décimas de ganancia para unas pensiones que son, en su mayoría, todavía muy bajas, hace peligrar el futuro del sistema público de pensiones, porque éste depende más de la voluntad política que de los problemas financieros.

En efecto, si nuestra economía crece en los próximos 25 años al mismo ritmo que en los 25 pasados, la renta nacional será en el año 2020 el doble que la actual. Y como la población no crece, dentro de 25 años dispondremos del doble de la renta per capita que hoy.

Y si somos el doble de ricos per capita, ¿dónde está el problema financiero para poder seguir pagando unas pensiones que hoy sólo representan el 10% del PIB? El problema no es financiero, es político. No es que no se pueda hacer, es que hace falta quererlo y cada día está más claro quién lo quiere y quién no.

Multitudes

El Periódico de Catalunya, 7.10.97

El Papa en París. El entierro de una princesa en Londres o de una monja en Calcuta. Las manifestaciones contra el terrorismo en España o los asesinos de niñas en Bélgica. Multitudes, centenares de miles, millones de personas, movilizadas por sentimientos generosos, pero también por el repique meditático o la desmesura emotiva.

El ojo gigante de la televisión puede convertir a media humanidad en espectadora ávida del entierro de una joven rica célebre de su propia celebridad. Puede mostrarnos a los grandes de este mundo honrando a una anciana pobre por la trascendencia de su vida, animar a los pueblos a rechazar la maldad que crece en su seno o permitirles compartir su fe religiosa.

En el fondo, las multitudes se movilizan ante la fragilidad de la vida. Para ahogar la impotencia y las frustaciones colectivas, expresar el rechazo de la muerte y el temor de cada cual de no haber vivido bien su única vida.

Sobre las multitudes congregadas planean palabras apacibles o discursos emotivos. Con ellas se organizan ceremonias improvisadas o perfectamente orquestadas, que nos dan la satisfacción de estar presentes, de haber ido donde había que ir cuando tocan a rebato. De formar parte de una fuerza superior a nuestro propio yo.

Por Maastricht y los dividendos

La Vanguardia, 7.10.97

Hemos oído al Sr. Pujol decir que no está satisfecho de sus pactos con el PP, pero que no le queda más remedio que votar los Presupuestos del 98. Creo que tiene razón. A seis meses del examen final de Maastricht, con los parciales aprobados y un pie en el estribo del tren del euro, CiU no puede embarcar al país en elecciones anticipadas. Por eso no pueden votar contra los Presupuestos. Y Aznar sabe muy bien que no pueden, por mucho que escenifiquen airadamente su capacidad de hacerlo.

El Sr. Pujol puede reclamar medallas de hombre de Estado por el mérito de ejercer una responsabilidad a la que no se puede sustraer. Pero, aunque haga de la necesidad virtud, no puede evitar reconocer que se ha quedado sin margen de maniobra. Como tampoco puede ignorar la frialdad con la que CiU ha sido tratada en la elaboración de los Presupuestos, ni el flagrante incumplimiento de los compromisos de inversión en Catalunya que el PP asumió por la puerta falsa de los recursos «extrapresupuestarios» obtenidos de las privatizaciones.

El PP sabe que, en las actuales circunstancias, ninguna reivindicación financiera ni competencial justificaría una ruptura de la mayoría parlamentaria. Por eso asistimos al sorprendente espectáculo de un Ministro de Hacienda asegurando impávido, al entregar el Presupuesto en las Cortes, que desconoce pacto alguno con CiU para financiar la sanidad catalana con 51.000 millones adicionales, al mismo tiempo que CiU asegura que Aznar los había concedido en conversación telefónica con el Sr. Pujol. Es posible que así sea, pero el Presupuesto no lo refleja. Menos mal que el pacto PP-CiU era el más público, claro y transparente de la Historia... La necesidad de cumplir con las exigencias de Maastricht aparece así de nuevo como la gran excusa-razón para justificar que, en contra de sus rotundas promesas electorales, CiU instalase al PP en el Gobierno de España y que allí le mantenga. A disgusto, por supuesto. Pero qué le vamos a hacer. Todo sea por Maastricht.

La otra gran razón, frecuentemente exhibida, son los «dividendos» (Pujol dixit) que CiU esperaba obtener de su pacto con el PP. Pero cada día es más evidente que estos dividendos son bien magros. Desde el punto de vista de la inversión, el resultado del pacto PP-CiU es catastrófico para Catalunya. Sólo se siguen ejecutando, aunque a cámara lenta, las inversiones que dejó contratadas el anterior gobierno socialista. Pero no se ha movido un gramo de tierra ni se ha gastado una sola peseta más.

En muchos casos se ha retrocedido notablemente. Parece que todavía no saben por dónde debe pasar la autovía Cervera-Igualada. La licitación del estudio de impacto ambiental del Plan Delta fue anulada. Del canal Segarra-Garrigues, tan reclamado, nunca más se supo. Ni de la depuradora del Llobregat. En las rieras del Maresme y el eje pirenaico, nada nuevo. Sigue sin publicarse la declaración del impacto ambiental del AVE Barcelona-Frontera. Por no hablar de la vergonzosa dejación de responsabilidades de unos y otros sobre la ubicación de la tercera pista del Prat, mientras el tráfico aéreo colapsa.

Pero dejemos los ejemplos más sonados y veamos las cifras. Hemos rastreado, metódica y sistemáticamente, la marcha de los 100 proyectos de inversión más importantes presupuestados para Catalunya en 1996 y 1997. El resultado es desolador: sólo 20 están en ejecución, 10 en trámite de adjudicación, de 40 no hay ninguna previsión y sobre otros 20 el Gobierno ni siquiera es capaz de responder. También hemos analizado, la distribución territorial de la inversión pública en el primer semestre. Catalunya ha recibido el 6'7%. Entre

Castilla-León y Galicia el 40%. Y no porque en estas Comunidades haya aumentado, sino porque en Catalunya se ha desplomado. Sin queren jugar a hacer agravios comparativos, hay que saber que nunca el desequilibrio había sido tan grande.

Como ven, al Sr. Pujol le sobran razones para sentirse insatisfecho. Pero alguna responsabilidad tiene. Las privatizaciones han producido mayores ingresos, casi 2 billones en vez de los 0'8 previstos. Pero ni una sola peseta se ha invertido en los proyectos que el PP prometió, con el crédulo aplauso de CiU, que se efectuarían por vías «extrapresupuestarias» cuya naturaleza sigue siendo un misterio. Se lo advertimos. Desgraciadamente, el tiempo nos ha dado la razón. Esperemos que hayan aprendido la lección y no se dejen engañar de nuevo en el Presupuesto del 98.

Las perspectivas del nuevo sistema de financiación autonómica son todavía más preocupantes. ¿Por qué? Porque cambiar una peseta de participación en la recaudación tributaria global, por una peseta de participación en el IRPF recaudado en Catalunya, beneficia o perjudica según como evolucionen ambas magnitudes. Si la recaudación del IRPF en Catalunya crece más que la recaudación por todos los impuestos en toda España, la financiación autonómica mejora con el paso del tiempo. Pero si crece menos, empeora.

Que crezca más o menos, depende, entre otras cosas, de la política fiscal que siga el Gobierno central. Y con un Gobierno dispuesto a vaciar de capacidad recaudatoria los impuestos directos y aumentar los indirectos, pasar del 15 al 30% la participación en el IRPF puede ser un pésimo negocio. El Sr. Pujol tenía que saber a qué tren se subía y cuáles eran las intenciones del maquinista. Y nadie podía desconocer las intenciones fiscales del Sr. Rato. Ahora vemos cómo la recaudación del IRPF crecerá en 1997 menos que el conjunto de los impuestos y se quedará 350.000 millones por debajo de las previsiones. Lo cual, puede hacer que salgan perjudicadas las Comunidades que se apuntaron a la propuesta del Sr. Rato, tanto más cuanto mayor sea su esfuerzo fiscal en el IRPF.

Rindamos, pues, honores a CiU por su esforzada contribución para garantizar la gobernabilidad de España y conseguir llegar a Maastricht en tiempo y forma. Pero, a la vista de los resultados, su eficacia práctica en la defensa de los intereses de Catalunya no merece su pretensión de monopolio.

LA PRUEBA DEL ALGODÓN

El Periódico de Catalunya, 26.10.97

Los Presupuestos son a la política lo que la prueba del algodón es a los detergentes. Igual que la blanca pureza detecta la suciedad oculta, las falsas promesas electorales se acaban estrellando, más pronto que tarde, contra las cifras y los equilibrios del Presupuesto.

Así, los Presupuestos para 1998, que hemos discutido esta semana en las Cortes, evidencian la falsedad del demagógico discurso del PP, que conviene que los electores recuerden: bajar los impuestos, disminuir el déficit, aumentar la inversión, mantener el poder adquisitivo de asalariados y pensionistas y garantizar el futuro del sistema de protección social. Pero, por mucho que se esfuercen utilizando todos los trucos contables posibles e imaginarios, los Presupuestos para 1998 demuestran, como ya les advertimos, la imposibilidad de conseguir, al mismo tiempo, tan contradictorios objetivos.

Es verdad que el déficit público disminuye y que en 1997 se situará por debajo del 3%, lo que nos permitirá ingresar en la Unión Económica y Monetaria. Pero no es menos cierto que esta reducción se consigue gracias a dos circunstancias excepcionales. La primera es la venta masiva de empresas públicas, por más de 2 billones de pesetas este año y 1 billón en 1998, que nos empeora colectivamente y nos deja, para el futuro, sin los dividendos que producen. La segunda es la bajada de los tipos de interés, en España como en todo el mundo occidental, que permitirá ahorrar más de mil millones de pesetas diarios de interés. Pero esto no podrá repetirse en el futuro, porque no podremos volver a vender las empresas que ya habremos vendido y porque los tipos de interés no seguirán bajando mucho más. Sin estas favorables circunstancias el déficit se habría disparado, como es de temer que ocurra en el futuro.

La presión fiscal, a pesar de todos los intentos del PP para ocultarlo, aumenta. En eso coinciden prácticamente todo el mundo: la Cámara de Comercio de Barcelona, la CEOE, la Asociación Española de Banca, etc. Contándolo bien contado, o sea, sin hacer trampas y renunciando a sumar peras con manzanas, la presión fiscal global aumenta en 0,3% puntos del PIB. Es verdad que los impuestos bajan, mucho, para algunos pocos, pero para la mayoría aumentan a través de los impuestos sobre el consumo y de todo tipo de tasas que afectan, a veces sin darnos cuenta, a la vida cotidiana.

No es que nos parezca mal que la parte de nuestra riqueza que se destina a financiar servicios públicos aumente, porque la presión fiscal global en España sigue siendo una de las más bajas de la Unión Europea. Pero eso contradice flagrantemente el demagógico discurso electoral del PP y, además, se consigue de una forma muy poco equitativa, porque aumenta los impuestos sobre el trabajador y el consumidor y baja los que gravan al capital y los beneficios.

La inversión pública disminuye drásticamente. Tampoco son capaces de mantenerla en el 5% del PIB que, durante los gobiernos socialistas, permitió al país dar un impresionante salto adelante en sus infraestructuras. El año pasado la inversión pública disminuyó un 25% y este año, contando bien las cosas, apenas podemos decir que no disminuye más. Pero la inversión en infraestructuras sube un raquítico 1%. En Cataluña disminuyó, y disminuye, de una forma particularmente grave. Con respecto al Presupuesto del último Gobierno socialista, la inversión del Estado en Catalunya ha disminuido en un 30%.

Eso sí, tratan de ocultarlo con la técnica del reparto de calderilla presupuestaria. Casi todos los proyectos de inversión están recogidos en el Presupuesto. Pero aparecen con unas cantidades irrisorias, puramente decorativas, que ni siquiera darán para colocar carteles. La autovía Cervera-Igualada, que el año pasado no fue incluida en los Presupuestos (¡con la ayuda de los votos de CiU!), este año está dotada con la astronómica cantidad de 90 millones de pesetas, cuando cuesta más de 20.000. Podría citar decenas de ejemplos como éste. Todo luce pero nada se va a poder ejecutar porque la dotación presupuestaria es meramente simbólica.

El poder adquisitivo de los trabajadores del sector público no fue mantenido el año pasado y esta pérdida no se recupera. Ni siquiera está claro que se consolide la desviación entre la inflación real y la prevista en 1997 para calcular el incremento de las pensiones para 1998. Pero en cualquier caso, desde que gobierna el PP, el endeudamiento de la Seguridad Social se ha incrementado en más de medio billón de pesetas. Aprovechando la bonanza económica, se utilizan las cotizaciones sociales para pagar los complementos de mínimos de las pensiones y para financiar otras políticas que nada tienen que ver con la constitución de los afiliados a la Seguridad Social. El esfuerzo de solidaridad necesario para pagar los complementos de pensiones debe hacerse por todos los contribuyentes a través de los impuestos y no por los asalariados a través de sus cotizaciones. Al desviar estos recursos para unos fines que no son aquellos para los que se recaudan, se está poniendo una bomba de relojería en los cimientos del equilibrio financiero de la Seguridad Social, que acabará explotando cuando la situación económica empeore.

La empresa pública desaparece de los Presupuestos. ¿Es que ya no tiene pérdidas? No, simplemente se financian vendiendo las empresas rentables. A eso le llaman pomposamente suprimir el déficit de las empresas públicas del Presupuesto. Del Presupuesto lo han suprimido, pero no de la realidad. Durante este año y el que viene se cubrirán las pérdidas de las empresas que no son rentables (y algunas como Renfe, necesitarán siempre subvenciones, para que los trenes de cercanías, por ejemplo, sean más baratos de lo que cuestan) con el dinero que proviene de la venta de Endesa, Telefónica o Argentaria. ¿Pero qué pasará cuando hayamos vendido todas las joyas de la abuela y sigamos teniendo un problema que ya no sabremos cómo financiar?

Sigue sin resolverse el problema de financiación autonómica, aumenta la financiación de la enseñanza privada el doble de la escuela pública. Y aunque el Sr. Rato ha asegurado que el gasto sanitario se incrementa más del 8%, en realidad aumenta menos del 5%. Lo que crece un 8% es la parte del gasto sanitario que se financia con impuestos, pero como la parte que se financia con cotizaciones disminuye, el total, que es lo que cuenta, crece menos del 5%. Podría explicar, si tuviera espacio, multitud de trucos contables como éste. Pero para conocerlos basta con leer los informes del propio Secretario de Estado Jefe de la Oficina Presupuestaria del Presidente del Gobierno. Con lo que allí se explica a la oposición no le queda mucho más que añadir. Y aunque al Sr. Aznar le parezca una anécdota «irrelevante y sin importancia», después del debate de esta semana en las Cortes, al Gobierno no le queda ninguna credibilidad en su política presupuestaria.

El Presupuesto del 98 no ha resistido la prueba del algodón. El mayordomo presupuestario de la Moncloa lo ha pasado por los Presupuestos y se le ha quedado lleno de opacidad, de falta de rigor, de inequidad y de graves amenazas para el futuro.

Sin rigor ni equidad

El Socialista, noviembre 97

Los Presupuestos para 1998, los segundos que presenta el Gobierno del PP desenmascaran definitivamente sus demagógicas falacias electorales, que conviene recordar a los ciudadanos. Sus promesas de reducir el déficit, bajar los impuestos, aumentar la inversión, suprimir supuestos despilfarros, mantener el poder adquisitivo de trabajadores y pensionistas y mejorar el sistema de protección social, han chocado contra la fría realidad de las cifras del Presupuesto. A pesar de utilizar todos los trucos contables imaginables no consiguen ocultar la falta de rigor y de equidad de sus Presupuestos, que no contabilizan una parte importante de los recursos que el Gobierno obtiene vía privatizaciones y de los gastos que se realizan, aumentan la opacidad y la presión fiscal, dedican las cotizaciones sociales a financiar gastos no contributivos, disminuyen la inversión pública con respecto al objetivo del 5% del PIB, y el déficit público se reduce sólo gracias a circunstancias excepcionales e irrepetibles.

Nunca ha estado tan justificada una enmienda a la totalidad a unos Presupuestos. Para defenderla, nuestro portavoz el compañero Joaquín Almunia, aportó toda una catarata de datos y argumentos que es imposible resumir aquí pero que todos los compañeros socialistas deberían conocer. Sería una buena idea repartir en y desde las agrupaciones las páginas del Boletín de las Cortes que recogen su discurso. Su argumento más demoledor, que dejó lívido y sin respuesta al Sr. Rato, fue un documento elaborado por el propio

Gobierno, nada menos que por el Secretario de Estado, Jefe de la Oficina Presupuestaria del Sr. Aznar, donde se reconocen la falta de rigor, el descontrol del gasto, las hipotecas sobre el futuro y los déficits ocultos que habíamos denunciado.

Naturalmente, estas denuncias tienen mucha más credibilidad cuando se hacen desde los servicios técnicos del Gobierno que cuando las hace la oposición. Y, aunque como era de prever, al Sr. Barea le hacían la autocrítica y haya sido obligado vergonzosamente a desdecirse 24 horas después, estos Presupuestos han perdido ya toda su credibilidad.

Después del debate del miércoles pasado, 22 de Octubre, ha quedado claro que los Presupuestos del PP se caracterizan por el retroceso en la educación, la sanidad y la inversión pública, la falta de sostenibilidad de los ingresos, la ausencia de medidas para favorecer la creación de empleo, la incapacidad para resolver la financiación autonómica y la del sistema sanitario.

Y esto es especialmente lamentable, porque la situación macroeconómica es ciertamente positiva. Las economías occidentales han entrado en un círculo virtuoso y la española es partícipe de esta situación. Es una lástima que el Gobierno del PP no sea capaz de utilizar esta magnífica ocasión para que entremos en la moneda única en las mejores condiciones. Como decía en el Congreso el compañero Almunia, no pedimos que el PP reconozca en público que buena parte de esta positiva evolución económica no es consecuencia de su política, ni se hubiese dejado de producir sin ellos. Pero donde se ven con claridad los efectos negativos de la política del PP, es en el reparto de los beneficios del crecimiento económico. Desde el punto de vista de la equidad, la actuación del Gobierno es todavía más criticable que por sus trucos contables.

Contradiciendo claramente sus promesas electorales, la presión fiscal aumenta. No es que nos parezca mal que dediquemos a financiar nuestras necesidades colectivas la parte adecuada de nuestra riqueza, y no olvidemos que España tiene todavía la presión fiscal global más baja de Europa. Pero la forma de conseguirlo (además de pretender ocultarlo), es inaceptable porque se aumenta la carga fiscal de consumidores y trabajadores mientras que se disminuye la del capital y la empresa.

El déficit baja, es cierto. Pero esta reducción se consigue gracias a la reducción de la inversión, la venta de empresas públicas rentables y la bajada de los tipos de interés, que permite ahorrar más de 1.000 millones de pesetas diarios. ¿Cómo controlaremos el déficit cuando no podamos ayudarnos en estas circunstancias tan excepcionales como irrepetibles? ¿Qué venderemos para tapar los agujeros creados por medidas fiscales regresivas cuando ya no queden ni Telefónicas ni Endesas que vender?

El endeudamiento de la Seguridad Social aumenta mientras las cotizaciones sociales se dedican a pagar otras políticas que deberían ser financiadas con impuestos. Da la impresión, de que mientras de palabra apoyan el Pacto de Toledo, en la práctica pretenden llevar a la Seguridad Social a una situación insostenible. Y ni siquiera está claro en el Presupuesto, que la diferencia entre inflación prevista y real en 1997 se incorpore a la base de cálculo del incremento de las pensiones para 1998.

Sus pretendidas prioridades son falsas. La inversión pública está congelada y el coste de los proyectos está infravalorado, para que quepan todos en el Presupuesto, a efectos de propaganda, pero no se pueda ejecutar ninguno nuevo. No hay dinero suficiente para poder aplicar la LOGSE y la financiación de la enseñanza privada crece el doble que la pública. Los Presupuestos no incluyen ningún acuerdo en materia sanitaria, aunque CiU proclame que existe. Pero, con acuerdo o sin acuerdo, lo cierto es que el gasto sanitario no crece el 8,6% que decía el Sr. Rato, sino menos del 5%, si se cuentan las cosas bien y se renuncia a sumar peras con manzanas. Para terminar, lo más preocupante es la evolución prevista del empleo. Según las previsiones del Gobierno, en 1998 se creará menos empleo que en 1997. Mientras en toda Europa se discuten y aplican propuestas innovadoras para reducir el paro, y en especial el juvenil y el de larga duración, el PP se queda tan a gusto con su fe ciega en el mercado y en su cacareado plan plurianual.

Razones más que suficientes para haber pedido la retirada de estos Presupuestos y presentar, en los debates que seguirán, las alternativas socialistas.

VALOR Y PRECIO

El Periódico de Catalunya, 2.11.97

Decía Machado que sólo el necio confunde valor y precio. Si el crash de las Bolsas la ha despertado de su sueño eterno en el pequeño cementerio de Collioure, habrá observado que cada vez hay más necios víctimas de esta confusión.

El precio de una acción cotizada en el mercado depende de la cantidad de dinero dispuesta a comprarla. Si hay mucho, su precio sube.

Pero el valor de una empresa no aumenta porque haya mucha gente dispuesta a comprar sus acciones. Su valor está determinado por la cadena futura de rendimientos que puede generar, y eso depende de circunstancias mucho más reales y difíciles de cambiar como su productividad, las perspectivas de crecimiento del sector en el que opera, la evolución tecnológica, la calidad de su gestión, etcétera...

En teoría, valor y precio deben convergir y, a largo plazo, tienden a coincidir. Pero en la realidad, pueden divergir muy rápidamente en función de circunstancias que nada tienen que ver con el valor real de las empresas.

La globalización de los mercados y la rápida disminución de los tipos de interés han empujado hacia la Bolsa más dinero del que podría obtener. El precio de algunas acciones se ha doblado o triplicado en un año. Pero su valor, determinado por sus expectativas ajenas de beneficio, ha cambiado. Hace tres años sólo había 25.000 millones invertidos en Bolsa a través de fondos de inversión. Hoy hay

2 billones, es decir, casi 1.000 veces más. No nos extrañemos que valor y precio se hayan separado hasta despeñarse.

No le echemos la culpa a los mercados asiáticos. Lo ocurrido en Hong-Kong, en la otra punta del planeta, no puede hacer cambiar drásticamente en dos días el valor real de las autopistas, los teléfonos o el sistema eléctrico español. Pero sí puede servir de excusa para corregir su precio. Algunos centenares de miles de pequeños necios que forman eso que llaman el capitalismo popular, habrán aprendido, quizá dramáticamente, la diferencia a la que se refería el poeta.

UN PRESUPUESTO VAREADO

El Siglo, 10.11.97

Ya sé que es un fácil juego de palabras. Pero después de conocer la opinión que al Sr. Barea, Jefe de la Oficina Presupuestaria del Presidente del Gobierno (nada menos), le merecen los Presupuestos del 98, es difícil no hacerlo. Después de leer sus informes, poco más tiene que añadir la oposición para justificar su enmienda a la totalidad. Es insólito en los anales de la dialéctica presupuestaria que un importante órgano del Gobierno corrobore y reafirme las críticas de la oposición. Y más aún que lo haga el órgano creado, a bombo y platillo, por el Sr. Aznar para que le ayudase a conseguir sus nobles objetivos de transparencia, rigor y austeridad presupuestaria.

Sería cómico si no fuera patético. Y para que el ridículo sea completo, la única salida que se le ocurre al Gobierno es proclamar que el Sr. Barea, que mientras tanto permanece mudo, había cambiado de opinión. Nos aseguran, sin pestañear ni sonrojarse, que así lo había plasmado en un segundo informe, que nadie ha podido leer hasta ahora. ¿Qué había cambiado entre el miércoles 25 de septiembre, fecha de la «enmienda» Barea y la aprobación del Presupuesto por el Consejo de Ministros el 27 de septiembre? ¿Cómo se había corregido el desfase de 600.000 millones de pesetas con los que nacía el Presupuesto del 98 como consecuencia de la falta de control del gasto, la indisciplina presupuestaria y los menores ingresos que Barea denunciaba en la ejecución del Presupuesto del 97?

En multitud de disposiciones del Presupuesto del 98 el texto remitido a las Cortes es el mismo que Barea criticaba. Si no fue el Proyecto lo que cambió, tuvo que ser el criterio del Secretario de Estado el que se modificase milagrosamente en 24 horas. El miércoles le parecía que aumentar la financiación de la Agencia Tributaria era un despilfarro y al día siguiente le parecía correcto. Lo mismo le ocurrió con la posibilidad de contraer obligaciones plurianuales en el Capítulo VIII sin crédito en el Presupuesto corriente, los nuevos procedimientos de la gestión hospitalaria, la creación de varios organismos autónomos más, las modificaciones de la Ley General Presupuestaria en sentido contrario a las efectuadas hace un año, la utilización de las privatizaciones como forma de financiar el déficit y un largo etcétera. Demasiados caminos de Damasco recorridos a la vez para que la historia sea mínimamente creíble.

Pero sería lamentable que las críticas del Sr. Barea al Presupuesto de su Gobierno, ocultasen a la opinión pública la importancia del aluvión de datos y argumentos que expuso el portavoz socialista, Joaquín Almunia, en la defensa de una enmienda a la totalidad que nunca ha estado más justificada.

A pesar de todos los trucos contables utilizados, el segundo Presupuesto del Gobierno del PP no consigue ocultar el aumento de la presión fiscal, la reducción de la inversión y la desviación de cotizaciones sociales a financiar gastos no contributivos. El déficit se reduce, pero sólo gracias a circunstancias excepcionales e irrepetibles, como el propio Sr. Barea señala con insistencia. A pesar de las palabras esféricas y biensonantes con la que se presentan, los Presupuestos para 1998 se caracterizan por el retroceso en la educación, la sanidad y la inversión pública, la insostenibilidad de la política de ingresos, la ausencia de medidas específicas para favorecer la creación de empleo y la incapacidad de resolver la financiación autonómica ni la del sistema sanitario.

Como decía Joaquín Almunia en el Congreso, la política del PP no es la única causa de la actual bonanza pero tampoco ha conseguido destruirla. Pero los efectos negativos de su política se manifiestan, cada vez más, en el reparto de los beneficios de este crecimiento económico. En realidad la actuación del Gobierno es más criticable por sus efectos sobre la equidad que por sus trucos contables, tal como queda dicho antes.

Contradiciendo claramente sus promesas electorales, la presión fiscal aumenta. Posiblemente es necesario dedicar a financiar las necesidades colectivas una parte mayor de nuestra renta, porque España tiene todavía la presión fiscal más baja de Europa. Pero la forma de conseguirlo no es equitativa porque se aumenta la carga fiscal de consumidores y trabajadores y se disminuye la del capital y la empresa.

El déficit baja, aunque menos de lo que se proclama. Y aún así, esta reducción se consigue disminuyendo la inversión, vendiendo empresas públicas rentables y aprovechando la bajada de los tipos de interés. El problema se planteará cuando no podamos apoyarnos en estas circunstancias tan excepcionales como irrepetibles. ¿Cómo se mantendrán los equilibrios presupuestarios exigidos por el Pacto de Estabilidad cuando ya no nos queden ni Telefónicas ni Endesas que vender?

El endeudamiento de la Seguridad Social aumenta, mientras las cotizaciones sociales se dedican a políticas que deberían ser financiadas con impuestos.

La inversión pública está congelada y el coste de los proyectos está infravalorado, para que todos puedan lucir en el Presupuesto, aunque no se pueda ejecutar ninguno. Los recursos para aplicar la LOGSE son insuficientes y la financiación de la enseñanza privada crece el doble que la pública. No se incluye ningún acuerdo en materia sanitaria, aunque CiU proclame que existe. Pero, con acuerdo o sin acuerdo, el gasto sanitario crece la mitad de lo que dice el Sr. Rato, que confunde, o pretende que confundamos, el gasto sanitario total con la parte del mismo que se financia mediante impuestos.

Los Presupuestos del 98, «vareados» sin piedad ni discreción por quien se suponía que tenía que ser el guardián de la ortodoxia, son los Presupuestos de la renuncia a enfrentarse a ningún problema. El déficit del presente se reduce sin ningún esfuerzo consumiendo de golpe el maná de la disminución de los tipos de interés y de los gastos por desempleo. Pero crean un grave déficit de futuro al que tendrán que hacer frente Gobiernos más responsables.

ALGO SUYO SE QUEMA

El Periódico de Catalunya, 10.11.97

Desde hace siete meses un gigantesco incendio destruye los bosques de Indonesia. El fuego se inició en las selvas de Borneo y Sumatra y ya ha quemado una superficie equivalente a la mitad de Cataluña. Su humareda cubre un círculo cuyo diámetro es tan grande como la distancia de Madrid a Moscú. ¡Imagine a toda Europa cubierta por el humo y al 10% de su población afectada por graves dolencias respiratorias!

¿Quién tiene la culpa de esa tragedia ecológica, económica y social?

Para el Ministro de Medio Ambiente de Indonesia, los incendios los han provocado las empresas madereras al quemar zonas de selva ya explotadas para poder plantar árboles de crecimiento rápido. Para las compañías, la culpa la tiene la sequía que les ha hecho perder el control de sus fuegos.

También nosotros hemos vivido, a nuestra escala, la tragedia del bosque en llamas. Acuñamos entonces una frase que movilizó la conciencia colectiva: cuando el bosque se quema, algo tuyo se quema. En la otra cara del planeta, algo nuestro se está quemando también ahora. Algo tan importante como los pulmones de la Tierra.

Hasta siempre, comandante

El Siglo, 24.11.97

Hace poco se habló mucho de ti. Se cumplían 30 años (¡30 años ya!) de tu asesinato a sangre fría en una perdida aldea de la sierra boliviana. Para conmemorarlo se publicaron libros sobre tu vida, te vimos de nuevo muerto y te dedicaron portadas de revistas, artículos, conferencias y documentales. Incluso dieron una fiesta en una de las «Boites» más de moda de París...

Ya ves, a esta civilización mediática la hacen vibrar al ritmo tasado de las fechas redondas. Nadie se había acordado de ti hace un año y ahora, sólo un mes después del 9 de Octubre de hace 30 años, puede que al editor de esta revista le parezca que este artículo ya no tiene interés...

Pero yo también quiero dedicarte mi recuerdo. Te lo debo, porque durante muchos años, tu imagen rebelde en blanco y negro me acompañó en mis habitaciones de estudiante en Madrid, París y Stanford. Después, durante una visita oficial a La Habana, Fidel me habló mucho de ti. Lo hizo con admiración y respeto hacia el viejo compañero de armas en Sierra Maestra. Incluso me regaló un libro sobre tu pensamiento económico, que confieso no haber leído. Creo que no hace falta, porque tú fuiste un símbolo para toda mi generación y no has entrado en la Historia por tu contribución a la teoría económica, sino porque encarnaste la utopía necesaria.

Temo que te hayamos convertido en un mito tras el que camuflar la nostalgia de unos pocos y la desesperación de muchos. O peor aún, que te usen como un icono para vender mejor los gadgets de una sociedad de consumo que hubieses aborrecido. Los grupos de rock y de rap te dedican discos, Hollywood rueda películas sobre ti y sobre Tania, y la industria del turismo de masas acompaña sus guías de Cuba con una antología de tus discursos y tus canciones...Incluso los skys, los relojes, la ropa y los discos se venden mucho mejor si se adornan con tu imagen heroica.

Ya ves, hace 30 años, los gendarmes del imperialismo capitalista (entonces se decía así, ¿verdad?) te asesinaron, y hasta te cortaron las manos para demostrar que habían cumplido el encargo. Hoy sus gerentes explotan tu figura edulcorada e inofensiva, vaciándola de sustancia revolucionaria.

Pero hay cosas peores. Te dolería saber que en Bolivia, allí donde intentaste abrir un nuevo Vietnam (sabrás que el auténtico estuvo en guerra hasta siete años después de tu muerte), Hugo Banzer, el viejo dictador militar, acaba de ser democráticamente elegido Presidente de la República por una coalición de partidos de la que forman parte viejos guerrilleros del Movimiento de la Izquierda Revolucionaria.

Y la situación de Cuba, bloqueada políticamente desde dentro y económicamente desde fuera, tampoco te haría feliz. No, seguro que no te haría feliz ver a los trabajadores de Santiago desfilando el 1 de Mayo por la Plaza Céspedes, agitando pancartas que proclaman la dignidad de la revolución, mientras que en las terrazas de los hoteles reservadas a los turistas, jovencísimas cubanas distraen la frustración sexual de solitarios europeos de clase media.

Pero a pesar de todo, creo que la persistencia de tu recuerdo es algo más que una referencia folklórica a un Robín Hood de celuloide. Tu recuerdo flota sobre un continente que sigue siendo la tierra de la desigualdad y de la exclusión, tanto como lo era antes de tu muerte. Y tu mito se basa en algo más que en la imagen hermosa de un hombre entero y valiente hasta la insolencia y el suicidio.

Creo que la modernidad de tu recuerdo se basa en tu pronta muerte y en la persistencia de los problemas contra los que te rebelaste.

No tuviste tiempo de envejecer. Por eso, te asociamos a la época en la que Cuba era una esperanza para un mundo mejor. La tierra en la que todo el mundo iba a la escuela y cada cual recibía asistencia sanitaria gratuita. Algo impensable en aquella América Latina harapienta y aplastada por dictaduras títeres de los intereses norteamericanos.

A pesar de innegables progresos, la dualidad estructural de la sociedad latinoamericana subsiste. El crecimiento económico hace más insoportables las desigualdades que no han evitado, ni corregido, las dictaduras militares, ni menos todavía, las políticas ultraliberales que hoy son de general aplicación en el continente. Por eso, como bien decía el sociólogo francés Alain Touraine (tú conociste a otro, Regis Debray, que te acompañó en la Sierra), fascinaste a dos generaciones de estudiantes e intelectuales europeos y norteamericanos.

Y, por eso, ahora reapareces en el imaginario colectivo de los millones de excluidos, desde las selvas de Chiapas a los cinturones de miseria que rodean ciudades en crecimiento vertiginoso. Y vuelves a estar presente en las habitaciones de los estudiantes, como presidiste las nuestras, como un Cristo laico entrado en la leyenda, antes de que nuestros hijos te sustituyeran por la imagen desencantada de un rockero o de un simpático mono en el retrete.

Pero ya no se oye gritar ¡Yankee go home! en casi ninguna parte. Y la generación de Mayo del 68, para la que también fuiste un símbolo, ha descubierto que debajo de los adoquines no estaba la playa y que pedir lo imposible no cambia la realidad.

Y sin embargo, como consecuencia de la dislocación de las formas de vida tradicionales y de las políticas ultraliberales impuestas por la mundialización económica, hoy hay más pobres que nunca. Pero las guerrillas revolucionarias no pueden aportar ninguna esperanza razonable. Incluso en Chiapas, el movimiento de rebeldía se apoya en la defensa de la identidad cultural indígena como palanca de democratización del país. En todo el continente, con mayor o menor fortuna, las fuerzas de la izquierda se reagrupan en torno a las soluciones institucionales, democráticas y reformistas para impulsar el desarrollo de modelos socialdemócratas como los europeos.

Un largo camino. Para muchos, demasiado lento. Pero la experiencia histórica nos enseña que los atajos conducen al caos o a los golpes de Estado militares. Hoy, la caridad organizada y la ayuda humanitaria han sustituido a los impulsos revolucionarios. Pero tú nos recuerdas que los ideales son imprescindibles para evitar que, de renuncia en renuncia, el ardiente rechazo de lo inaceptable acabe convirtiéndose en la acomodaticia gestión del sistema contra el que te rebelaste.

LA FUERZA DEL AGUA

El Periódico de Catalunya, 24.11.97

Hacía tanto tiempo que no llevaba agua que se habían olvidado que era un río. Su cauce seco se usó como camino hasta que, poco a poco, se convirtió en una calle.

Los que allí instalaron sus pobres viviendas ignoraban el peligro que corrían, del que quizá nadie les advirtió. Al principio, eran pocos y no valía la pena preocuparse por ellos. Y cuando fueron muchos era ya demasiado difícil moverlos. Y así, el curso del río se fue llenando de obstáculos que, en caso de crecida, embalsarían endeblemente el agua, hasta que su fuerza los reventara, provocando mortíferas avalanchas.

En Badajoz se ha vuelto a repetir una vez más esta trágica historia. Un barrio humilde que se empezó a crear hace 40 años y se consolidó fuera de toda norma urbanística en el dominio público que circundaba un pequeño torrente seco, al que ni siquera las intensas lluvias del invierno de 1995 le habían hecho revivir. Pero esta vez, en una noche de tormenta en la que cayeron 150 litros por metro cuadrado (la tercera parte de lo que cae en todo un año), el agua que buscaba un camino encontró su viejo cauce y se cobró un trágico tributo de muerte y desolación.

Así es nuestro clima: a cinco años de sequía les sigue, de repente, una inundación. Las riadas son elementos estructurales de nuestro ecosistema que se repiten una y otra vez. Pero, a pesar de los avances que hemos hecho para controlar la fuerza del agua, todavía no respetamos ni vigilamos adecuadamente los espacios inundables, ni hemos acabado de construir las obras de regulación necesarias para poner a todos, y especialmente a los más débiles, al resguardo de las fuerzas de la Naturaleza.

Posiblemente, en la noche trágica de Badajoz fallaron los sistemas de alerta y control que hubiesen podido evitar la tragedia. No quiero hacer juicios temerarios ni utilizar la desgracia ajena en la dialéctica política. Pero lo ocurrido demuestra que es más fácil acusar de imprevisión que ser precavido. Y la ocasión también es buena para recordar que si no hubiésemos construido, entre 1985 y 1995, los embalses de Alange y La Serena, tan criticados entonces (¡tanto!) por el fundamentalismo ecologista que los calificaba de inútiles, el Guadiana se hubiese llevado por delante a Mérida y Badajoz enteros. Como el Tajo hubiese arrasado las ciudades portuguesas en la noche de Reyes de 1996, si no hubiese sido por los grandes embalses, afortunadamente vacíos después de 5 años de sequía, que pararon una avalancha de agua tan intensa como las cataratas del Niágara.

Y también es bueno que sepamos que la «gota fría» que descargó su tromba de agua sobre las áridas colinas de Murcia, esta vez no causó víctimas y apenas daños, gracias al costoso y complejo sistema de contención de avalanchas construido después de las grandes inundaciones de 1987, que convirtió a los meandros del Segura, a lo largo de decenas de kilómetros, en una recta avenida con suficiente capacidad de desagüe hacia el mar. Y tampoco es ocioso señalar, con preocupación, la parálisis del plan de encauzamiento de las rieras del Maresme, al que no se le asignó ni una peseta en el Presupuesto del 97 y que no tiene en los del 98, que ahora discutimos, la dotación necesaria para ejecutar las obras. Esperemos no tener que lamentar, amargamente, esta demora.

El agua es principio de vida por excelencia. La usamos todos los días, pero sólo cae de cuando en cuando, a veces tarda en llegar y, a veces, llega enfurecida. Por eso, hemos de responder a unas lluvias terriblemente irregulares con sistemas de regulación que permitan almacenar el agua y controlar su fuerza. Y no siempre es posible hacerlo sin afectar a los paisajes, como reclaman, desde el esteticismo de su torre de marfil, los que pretenden tenerlo todo a la vez: los cauces de los ríos intactos en su estado natural y la capacidad de regulación que sólo puede conseguirse con obras que los afectan.

Gracias al ingenio humano, voluntad política y grandes inversiones, hemos ganado la batalla, por primera vez, a la fuerza del agua en las cuencas del Mediterráneo. Pero la hemos perdido frente a un humilde arroyo extremeño. La derrota no fue mayor porque, afortunadamente, el barrio de Badajoz más expuesto al peligro había sido trasladado. Pero el arroyo Calamon nos ha recordado que frente a riesgos naturales, la desgracia salta donde menos se la espera. Hemos de aprender la lección y como dijo el Marqués de Pombal ante las ruinas de Lisboa después del terremoto que la destruyó, hay que enterrar a los muertos pero, sobre todo, cuidar de los vivos.

Hay en España multitud de zonas inundables ocupadas por asentamientos humanos. A veces, se trata de barrios enteros de ciudades y a veces de urbanizaciones ilegales diseminadas. En algunas ocasiones, se pueden y se deben proteger con obras cuyo impacto ambiental hay que asumir. Y en otras, no es posible asumir el coste ecológico o económico de las obras necesarias para garantizar su seguridad. En esos casos, hay que desplazarlas y evitar que la marginación social las vuelva a crear. Las riadas afectan más a los pobres, no porque el agua sea clasista o racista, sino porque la sociedad los empuja hacia las zonas de riesgo.

Y también hay que ser consciente de que las inundaciones se ven favorecidas por la desforestación y la desertificación del suelo. La vegetación absorbe y retiene el agua y, sin ella, las torrenteras descarnadas de suelo erosionado e impermeable concentran el agua que corre sin que nada la frene. Por eso, son tan importantes las políticas de reforestación que pueden salvar muchas vidas, ahorrar mucho dinero y preservar muchos paisajes.

Pero a escala mundial la erosión del suelo se acelera, sobre todo en los países pobres. Por eso, las víctimas de la fuerza incontrolada del agua, a las que se han sumado las 28 de Badajoz y las 1.000 de Somalia, se han doblado en los últimos diez años.

Dos cambios

El Periódico de Catalunya, 12.12.97

Por estas fechas, hace 15 años, se inició el gobierno socialista en España, bajo el lema: «por el cambio», el cambio de gobierno de 1982 respondió al profundo deseo de la sociedad española de preservar la democracia. Después de un golpe de Estado y ante un partido (la UCD) hecho añicos y al borde de la desaparición, los ciudadanos, con su apoyo masivo, encomendaron al partido socialista que consolidara la naciente democracia y resolviera el problema militar y el de la organización territorial de Estado.

Ese fue el profundo sentido del cambio reclamado, que era más político que económico.

Por estas fechas, otro cambio se está produciendo en Europa con la llegada al poder de los socialistas en Francia (contra toda hipótesis) e Inglaterra (después de 20 años). En estos países de democracia sólida y arraigada no se pide un cambio político. Lo que se pide a Blair y Jospin es que hagan frente a las grietas sociales creadas por los gobiernos de la derecha. Sus conciudadanos se lo piden porque son cada vez más conscientes de la profunda y creciente diferencia entre los derechos proclamados por sus Constituciones y la realidad de su vida cotidiana.

Nosotros en España, impulsamos un cambio para proteger las libertades amenazadas y ellos lo han producido para hacer frente a las desigualdades que se habían hecho intolerables.

REGRESIÓN

El Periódico de Catalunya, 20.12.97

En 1977, 3 billones de ptas. se han pasado desde los depósitos bancarios a los Fondos de Inversión. Era de esperar, porque las ventajas fiscales que les ha dado el PP son muy golosas. Tanto como injustas y regresivas. Si Vd. tiene que cobrar sus ahorros mes a mes porque los necesita para vivir, se le retiene un 25% a cuenta de lo que tendrá que pagar al tipo que les corresponda según el total de su renta. Pero si no los necesita y los acumula durante dos años, no se le retiene nada y sólo pagará un 20%, cualquiera que sea su importe y el de su renta. Es un trato regresivo, contrario al pequeño ahorro y a las rentas más bajas. Y también contrario a la Hacienda Pública, que ha perdido 30.000 millones de retenciones. Pero, eso sí, las sociedades de bolsa han duplicado sus beneficios.

Y así, a la chita callando, el reparto de la renta y de las cargas fiscales se va haciendo cada vez más regresivo. Las estadísticas lo reflejan claramente. La parte de la renta nacional que perciben los trabajadores ha bajado, mientras que la parte del IRPF que soportan los salarios aumenta. Al mismo tiempo, las rentas del capital aumentan, pero disminuyen su aportación tributaria. Desde luego, para algunos, España va muy bien.

Navidad en Kyoto

El Periódico de Catalunya, 27.12.97

Apenas acabada la conferencia de Kyoto sobre el cambio climático, el Occidente cristiano, rico y desarrollado, enciende las luces de Navidad. Lejos de su sentido religioso, que debería inducir una actitud austera y solidaria, estos días se convierten en la gran fiesta del consumo y del despilfarro de un bienestar material reservado a un 10% de la población mundial. Y del que no podrá participar nunca el resto. Si lo hicieran, la Tierra reventaría.

En realidad, ya corre peligro de hacerlo. Quizá la Humanidad se haya jugado su destino en Kyoto, escenario de la feroz batalla entre países y grupos de presión para repartir los esfuerzos y responsabilidades necesarios para evitar la acumulación de gases de «efecto invernadero» que producen un calentamiento de la atmósfera. Este puede llegar a ser de hasta 3,5% en los próximos decenios, lo que produciría una dilatación de los océanos castastrófica para las zonas costeras. Y, además, multiplicaría los fenómenos meteorológicos externos, desde las sequías a los huracanes y lluvias torrenciales.

Si el GIEC (Grupo Intergubernamental sobre el Cambio Climático), que reúne a miles de investigadores de todo el mundo ha llegado a estas conclusiones, ¿por qué es tan difícil tomar medidas que eviten la catástrofe?

Por tres razones al menos: porque nuestra civilización, dominada por un mecanismo miope como es el mercado, no reacciona ante amenazas que no sean inmediatas. Y ésta, por grave que sea, no es para mañana. Porque el problema no afecta de la misma manera a todos los países. Y porque las medidas a tomar afectan a los grupos de presión económica de los países más contaminantes de una forma mucho más inmediata que el problema que tratan de evitar. Frente a la suma de intereses a corto plazo, la defensa de un interés común a largo plazo sigue siendo demasiado abstracta.

Por eso, lo ocurrido desde la cumbre de Río en 1992, o la de Berlín en 1995 (en las que tuve el honor de representar a España), no puede ser más decepcionante. Los países de la OCDE, que generan el 75% de las emisiones deberían reducirlas en el año 2000 al nivel de 1990. Pero, en realidad, Europa las habrá aumentado en un 5% y EEUU en un 15%. Y si no se hace nada, las emisiones en el 2010 serán un 50% mayores que en 1990.

Ante este escenario de catástrofe, la responsabilidad de unos y otros no es obviamente la misma. Los EEUU, con el 4% de la población, son responsables del 25% de las emisiones. Y sin embargo, los lobbies de la energía y del coche, se han gastado 2000 millones de pesetas en campañas de publicidad para convencer a los norteamericanos de que se les quiere hacer cambiar, injustamente, de modo de vida, debido al aumento de las emisiones de los países en desarrollo.

Es cierto que las están aumentando. También los chinos y los indios aspiran al desarrollo, a estar calientes en invierno y frescos en verano. Y ¿cómo reprochar cuando un occidental envía a la atmósfera 20 veces más CO2 que un habitante del subcontinente asiático?

La UE se presentó en Kyoto dispuesta a reducir sus emisiones en un 15% en el año 2010. Para ello se había asignado a cada país miembro un límite máximo de emisiones que a España le permitía alcanzar un nivel superior en un 17% al del año 1990. (Aumentar las suyas dado su menor nivel de desarrollo dentro de la UE).

En la pugna entre Europa y EEUU que sólo aceptaba estabilizar sus emisiones en el 2012 a los niveles de 1990, se ha alcanzado un compromiso de reducción global que, al no ser suficientemente satisfactorio, debe ser tomado en cuenta en el debate político y traducirse en respuestas concretas. Para que España cumpla su parte, son necesarias medidas que cambien las tendencias del consumo energético en los próximos años. Y ello contrasta con la pasividad del gobierno del PP, preocupado sólo por aparentar que asume compromisos, sin la mínima voluntad de cumplir los límites que la UE le permite. En realidad, no se puede esperar mucho de un gobierno que pretendía declarar todo el suelo urbanizable, en vez de impulsar la reforestación y la mejora de la capa vegetal. Que quiere confiar la suerte de los acuíferos a quienes se benefician directamente de su explotación; y que planea una reforma de la Ley de Costas para disminuir la protección del litoral. Un gobierno que anuncia, triunfante, reducciones en las tarifas eléctricas sin la más mínima penalización para los consumos elevados de energía... Y que no ha adoptado ni una sola medida para prevenir el cambio climático, ni ha continuado las iniciativas socialistas preexistentes. Por ejemplo, el proyecto de Ley de Ordenación de la Edificación, aprobado en 1995 y que no pudo tramitarse por el anticipo de las elecciones, en el que se vinculaba las ayudas públicas a la vivienda a exigencias de ahorro energético y paralizado por el actual gobierno. O el esfuerzo realizado por los gobiernos socialistas en materia de ahorro y de diversificación energética, paralizados por las restricciones presupuestarias y amenazado por la desregulación del sector eléctrico. Hay que recordar —frente al latiguillo «en 14 años no se ha hecho nada»— que ya en 1995 se aprobó un Programa Nacional del Clima, en el que se reducían del 25% al 15% el aumento de emisiones de CO2 contempladas para el año 2000 en relación con 1990; y que en el Programa del PSOE para las elecciones de 1996, se asumía el compromiso de alcanzar en el año 2005 la estabilización de las emisiones de CO2 al nivel de 1990, y comenzar a partir de ese año a reducir su nivel. Frente a estos planteamientos, el actual Ministerio de Medio Ambiente, ni siquiera ha vuelto a convocar a la Comisión Nacional del Clima.

No cabe, desde luego, esperar mucho en esta materia de la filosofía política de la derecha, que cree que a la iniciativa privada hay que condicionarla lo menos posible. Pero a la iniciativa privada no se le puede pedir que modifique sus pautas de actuación, para hacer frente a una amenaza que quizás no cause problemas realmente graves hasta dentro de 50 años.

Ni a la derecha ni al mercado pueden confiarse las respuestas al cambio climático, porque no creen en la acción pública como garante de la solidaridad, y están movidas por espectativas de corto y medio plazo, basadas en un sistema de precios que no incorpora los costes de la degradación del planeta. La izquierda, en cambio, tiene el enorme desafío de pasar de la retórica a un replanteamiento en profundidad de sus políticas sectoriales. Un reto tan urgente, como necesario, porque todo lo que pueda hacerse para prevenir o reducir el cambio climático comporta mejoras en la calidad de vida: más bosques, mayor eficiencia en el consumo de la energía, diversificación en las fuentes energéticas, ciudades menos congestionadas y más habitables. Un reto que da a la izquierda una nueva ocasión de reafirmar su identidad.

DOBLE DIVORCIO

El Periódico de Catalunya, 4.01.98

Dicen que la izquierda está desorientada y perpleja. Pero cada cual se hace su propia idea de lo que la izquierda pretende y representa. Para mí, como dice J. Juillard, es la combinación del progreso científico y de la justicia social, hecha posible gracias a la alianza histórica entre el pueblo y las élites intelectuales.

En los albores de la Revolución Industrial, el progreso era temido porque la máquina destruía empleos. Pero, gracias al sistema de protección social que redistribuye la productividad, se selló la alianza entre el progreso técnico y el pueblo.

Hoy asistimos a la ruptura de estas alianzas. Las élites intelectuales, satisfechas e impotentes, se encierran en sus torres de marfil y se divorcian del pueblo. Y las nuevas oleadas tecnológicas vuelven a sembrar entre los trabajadores el temor al progreso.

Este doble divorcio alimenta el elitismo —es decir, la democracia sin el pueblo— y el populismo —es decir, el pueblo sin democracia—. La mezcla de ambos puede ser explosiva. Para evitarlo es necesaria la reconciliación entre los aliados de ayer.

UNIDAD

El Periódico de Catalunya, 4.02.98

Ante cada zarpazo asesino, reclamemos la unidad de los demócratas frente al terrorismo. No es un grito tan ritual como inútil. Ni una estéril retórica para esconder la impotencia. La unidad de los demócratas es imprescindible. No será suficiente para ganar esta guerra, pero sin ella la perderemos.

Y si hay que reclamarla, es porque no la tenemos. Entre asesinato y asesinato las voluntades vacilan y la ambigüedad sustituye a las declaraciones del día del funeral.

Decir que Pinochet y Barrionuevo son la misma cosa rompe la unidad de los demócratas. Apoyar las huelgas contra la sentencia del Tribunal Supremo que ha enviado a la cárcel a la dirección de HB rompe la unidad de los demócratas. Y que el clero vasco crea oportuno que su obispo no asista a los funerales de las víctimas de ETA, para evitar «malos entendidos» debilita la fuerza moral de la sociedad para hacer frente al terror. En julio pasado, ante el cadáver de Miguel Ángel Blanco nos propusimos aislar socialmente a los que apoyen a sus asesinos. Y seis meses y seis muertos después, los que administran el mensaje de «no matarás» buscan situarse a mitad de camino entre asesinos y víctimas.

LOS DIJE DE DIEGO

El Periódico de Catalunya, 24.02.98

Demasiadas veces se engaña al ciudadano-elector haciendo desde el Gobierno lo contrario de lo que se dijo desde la oposición. De ahí proviene el descrédito de la política.

Recuerden la escandalera que organizó el PP cuando el gobierno socialista excluyó 800 fármacos de la financiación de la Seguridad Social. En el Parlamento aseguraron que cuando gobernasen los volverían a incluir. Pero no sólo no lo han hecho sino que, ahora que gobiernan, excluyen otros 869. Con el agravante de que eliminan grupos completos de medicamentos. Dicen que no sirven para nada. Si es así, ¿por qué dejan recetarlos?

La lista de los dije digo cuando dije Diego es interminable. Desde la cesión del Impuesto Sobre la Renta de las Personas Físicas a las autonomías hasta la subida de las tarifas de teléfono, pasando por los impuestos, la inversión o la supresión de altos cargos, las falacias electorales se han ido disolviendo al chocar con la realidad.

Por eso, los socialistas, hoy en la oposición, no debemos imitar los comportamientos del PP cuando lo era. Las promesas fáciles se vuelven contra el que las hace.

Sólo así la democracia podrá sobrevivir a la demagogia.

MENOS DÉFICIT Y MÁS POBRES

El Socialista, marzo 1998

Acabó sin pena ni gloria el debate presupuestario, después de que el PP aprovechase su cómoda mayoría en el Senado para modificar a última hora más de 50 leyes mediante «enmiendas», algunas de 40 páginas de texto. Y de haber repartido sin sonrojo los favores necesarios para contentar a los grupos de presión que representa o necesita.

Todo eso tiene un coste, naturalmente. Sin embargo, pasada ya la atención que el detate a la totalidad de los Presupuestos suscita en la opinión pública, ha sido fácil camuflarlo bajo fantasmagóricas apelaciones o mayores ingresos o más ahorros.

El resultado ha sido un incremento del déficit de 0,1 puntos del PIB. Pero a nadie parece preocuparle. Peor aún, nadie parece querer enterarse. El Preuspuesto cumple con Maastricht y todo va bien en el mejor de los mundos. Pero desvelando la multitud de sus trucos contables, se constata que el precario equilibrio presente se consigue creando un grave déficit de futuro.

En realidad, la reducción del déficit se consigue gracias a cuatro factores. Dos de ellos están asociados al ciclo económico y otros dos al deterioro patrimonial del sector público. Por una parte, la bonanza económica permite reducir inercialmente los gastos de desempleo y las cargas e intereses de la deuda (sólo por ello se ahorran 1.000 millones diarios). Y por otra, se reducen las inversiones y se venden las empresas públicas rentables. Es decir, se disminuyen los activos financieros y no se crean nuevos activos físicos. Se pierden, en el futuro, los ingresos de las acciones que se han vendido y se renuncia a los efectos positivos de unas infraestructuras que, como ya ocurrió a finales de los ochenta, nos harán soportar costes de congestión muy superiores a los actuales ahorros.

Un equilibrio presupuestario conseguido dejando de invertir y vendiendo activos no es sino una pírrica adulteración contable. ¿Algún empresario diría que ha resuelto su déficit de explotación vendiendo sus máquinas y dejando de amortizar o invertir?

Conviene ahora recordar el discurso electoral del PP y su promesa de dedicar el producto de las privatizaciones exclusivamente a la amortización de la deuda pública. Pues bien, ni una peseta obtenida por privatizaciones ha ido a amortizar deuda y la inversión pública se ha reducido un 22%. En 1998, las cuentas bien hechas, la inversión se mantiene constante con respecto al PIB, se consolida, en términos reales, la reducción de la inversión. Esta es una política peligrosa para un país que todavía tiene graves carencias de infraestructuras y problemas ambientales que acabarán estrangulando el crecimiento económico.

En dos años se habrá liquidado todo el patrimonio empresarial público. Sería aceptable vender acciones de Telefónica para financiar la construcción de carreteras o aeropuertos. Pero los cuatro billones largos que van a obtenerse de la venta de empresas con futuro no se dedican a eso. ¿Y con qué ingresos fiscales se van a compensar las pérdidas de los dividendos que reportaban a la Hacienda pública?

La apelación a la iniciativa privada, aunque sea fuertemente subvencionada para construir infraestructuras, es digna de ser tomada en cuenta. Pero no sirve para todo. En un país que pasa de dramáticas sequías a trágicas riadas no es razonable construir presas de peaje. Volvemos cien años atrás, a los tiempos del agua privada que denunció Joaquín Costa. No creo que la iniciativa privada quiera y pueda regenerar playas ni prevenir inundaciones, como las que están paralizadas en el Maresme. Tampoco debería cantarse victoria porque la gran depuradora del Llobregat vaya a ser construida, dicen, por concesión administrativa a un agente privado. En román paladino, eso quiere decir que la van a pagar los usuarios con más tasas en el recibo, en vez de con los recursos generales del Estado, como estaba previsto.

El reparto de la carga tributaria se hace más regresivo y se traslada a la Seguridad Social parte del déficit del Estado, endeudándola y financiando las políticas de empleo con cotizaciones sociales. Mientras el viento de la coyuntura sea favorable, se podrá ir tirando porque con la marea alta todos los barcos flotan. Pero, ¿qué ocurrirá cuando el ciclo económico cambie de sentido? Y tarde o temprano eso ocurrirá, porque los ciclos no han sido erradicados de la dinámica del capitalismo por los efectos milagrosos de las políticas del PP. Pero esto ocurrirá, piensa el PP, después de las próximas elecciones. Y además, algunos de los déficit que ahora crean tampoco les vienen mal. Muchos de sus buenos amigos se habrán apropiado de la dirección de las grandes empresas del país. Y será más fácil cuestionar un sistema público de pensiones si antes se le ha endeudado sin remedio. Por eso el déficit de futuro no les importa. Pero a la mayoría debería preocuparnos mucho.

Cómo trucar un presupuesto

Cinco Días, 5.03.98

El Sr. Aznar prometió convertir al Parlamento en el centro de la vida política. Pero a fecha de hoy, las Cortes desconocen toda información sobre el cumplimiento presupuestario de los criterios de Maastricht, remitida por el gobierno a Bruselas.

Los diputados se enteran por la prensa. Sólo conocen, y con mucho retraso, la ejecución presupuestaria de la Administración Central del Estado (ACE) en términos de caja. De la Seguridad Social sólo conocemos los ingresos, esta vez en términos de devengo, ... del mes de Octubre.

Esta falta de información y la extraña asimetría (caja en la ACE y devengo en la Seguridad Social) plantea graves interrogantes, disimulados detrás de la cosmética y el botafumeiro que, con tanta habilidad, maneja este Gobierno. Algunos de ellos fueron objeto de un reciente debate parlamentario, curiosamente ignorado por los medios de comunicación, y a los que me refiero a continuación.

En primer lugar, ¿qué ha pasado con los ingresos líquidos de la ACE en 1997? Según el M.E.H., los ingresos no financieros habrían crecido un 13,7% sobre la recaudación de 1996, superando en más de medio billón su previsión presupuestaria, a pesar de la rebaja de la imposición sobre plusvalías. Sería fantástico que así fuera... Pero la letra pequeña desinfla rápidamente este milagroso souflé.

En la recaudación del Impuesto de Sociedades lucen 177 m.m. de plusvalías generadas por privatizaciones que sólo fueron 12 m.m.

en 1996 y que son irrepetibles. Descontándolos, la tasa de incremento se reduce al 10%.

La Seguridad Social contribuye a la confusión porque en 1996 sólo ingresó las retenciones de 2 trimestres y en 1997 ha ingresado las de 5. Aunque desconocemos el importe de dichas retenciones, ingresadas en Hacienda, de forma tan heterogénea, estimándolas en 110 m.m./trimestre y homogeneizando, la tasa de incremento se reduce al 8%. Pero, además, en 1997 se ha ingresado el gravamen del 3% sobre activos revalorizados que se producía «one and for all», a costa de minorar los beneficios de ejercicios futuros por incremento de las amortizaciones de estos activos y por tanto en una reducción de los ingresos y del Impuesto de Sociedades. Descontando este ingreso atípico de 105 m.m, la tasa de crecimiento se va desinchando hasta el 7,4%.

Naturalmente, tampoco se puede considerar «recaudación», en el sentido permanente del término, los ingresos obtenidos por privatizaciones, que ascienden, sólo en la ACE, a 540 m.m., mientras que en el 96 fueron 190 m.m. Estos ingresos líquidos no son sino una liquidación de activos, atípicos y no recurrentes, que no sólo no se pueden repetir en el futuro, sino que disminuirán los ingresos de los siguientes ejercicios en los dividendos que se dejarán de percibir. Y para acordar el amplio repertorio de «efectos circunstanciales heterogéneos no declarados» (llamémosles así piadosamente), señalemos el incremento de pagos a cuenta de sociedades (que no es sino un anticipo de ingresos), el recién estrenado impuesto sobre seguros que no existía en 1996, el incremento de 50.000 millones en las primas de emisión de Deuda Pública, como consecuencia de amortizaciones anticipadas que tampoco se producirán en el futuro, el 10% de incremento en los beneficios del Banco de España, etc., el incremento de ingresos en términos comparables se sitúa en torno al 4%. Es decir, la tercera parte por debajo del crecimiento nominal contable del PIB.

No es posible analizar, por obvias razones de espacio, el comportamiento de cada impuesto en particular. Pero el del IRPF es especialmente preocupante. El Sr. Rato se presentó en Octubre del 96 con una previsión de crecimiento del 11,5%, a todas luces disparatadas. En términos de caja, luce ahora sólo un 5,5%. Pero comparando de forma homogénea, realmente la recaudación ¡disminuye! Un 0,8%. Quizá la información de la que no disponen los diputados pueda aclarar este preocupante comportamiento, de una figura clave de nuestro sistema tributario.

Por la parte del gasto, los intentos de camuflar la caída de las inversiones son tan patéticas como inútiles. La inversión real de la ACE ha disminuido un 11%. Cuando el gobierno esgrime que las «operaciones de capital» sólo han disminuido un 2%, trata de ocultar esa caída de la inversión directa sumándole las transferencias de capital, que crecen un 8%. Pero esas transferencias no van a financiar la inversión de los entes receptores sino a equilibrar la situación patrimonial deteriorada por las pérdidas no cubiertas en 1996. Además, si se analiza la exclusión de estas magnitudes en el bienio 96/97, se observa que el conjunto de las operaciones de capital disminuye con el 10%, cuando hubiera debido aumentar más del 10% para cumplir la promesa del PP de mantener la inversión en el 5% del PIB.

La disminución de las transferencias a las empresas públicas casi un 40%, serían meritorias si respondieran a mejoras reales en sus cuentas de explotación. Desgraciadamente, también aquí hay truco. En primer lugar, el Presupuesto no aporta recursos a las empresas públicas porque estas los reciben directamente de holdings creados ad hoc, que los obtienen privatizando empresas rentables sin que los ingresos obtenidos pasen por el Presupuesto. A este cortocircuito, que vacía de contenido el documento presupuestario, y que tampoco podría mantenerse indefinidamente, se le llama pomposamente, «desvincular la empresa pública del Presupuesto». Y, en segundo lugar, a las empresas públicas no se les aporta recursos en 1997 porque ya se les aportaron en 1996 imputando el mayor déficit a 1995. ¿Cómo explicar, por ejemplo, que Renfe reciba en 1997 106 m.m. menos que en 1996 con el mismo contrato programa?

Toda la demagogia desplegada en torno a la reducción de gastos corrientes, la austeridad, la eficacia, etc. ha quedado en agua de borrajas. El famoso Capítulo II, gastos corrientes, ha tenido que ser incrementado en 100 m.m., es decir una desviación del 130%, como es evidente que iba a ocurrir dada la falta total de realismo de los recortes aplicados al funcionamiento de servicios públicos básicos.

Las modificaciones de crédito han disminuido mucho con respecto a 1996. Cierto, pero esta comparación es irrelevante porque 1996 fue un año de Presupuesto prorrogado, adaptado a golpe de Decreto Ley. Si comparamos con 1995, año presupuestariamente normal, resulta, ¡oh sorpresa!, que las modificaciones de crédito del Gobierno del PP son un 63% superiores a las del gobierno socialista, que tan criticado fue por su falta de rigor.

En total, las modificaciones de crédito han superado los 800 m.m., un 4,5% de aumento de los créditos iniciales, más que la media de las desviaciones de los Presupuestos socialistas. Ciertamente, el Sr. Barea tiene razones para estar muy disgustado.

Algunos trucos son demasiado evidentes. Por ejemplo, la espectacular disminución de la necesidad de endeudamiento (a no confundir con el déficit, como hace el Sr. Rato), es la consecuencia del brusco cambio del saldo de la c/c del Tesoro en el Banco de España, que pasa de un saldo positivo de 968 m.m. a finales del 96 a un saldo negativo de 893 m.m. a finales del 97. Es decir, una variación de 2 billones de pesetas en un año, concebida sólo a efectos cosméticos.

Pero los trucos más preocupantes son los que hacen referencia al equilibrio presupuestario de la Seguridad Social. El famoso «anticipo de tesorería» por 450 m.m. no se ha saldado a fin de año, como les anunciamos. Aunque, con total cinismo, se le sigue llamando así, en realidad no es sino una forma de encubrir el déficit, que se repite en 1998.

Nakusha

El Periódico, 5.03.98

En la India, muchas niñas se llaman así. Quiere decir: «la no deseada». Ese nombre refleja una dramática realidad: hoy, en el mundo, la discriminación sexual va mucho más allá de los salarios desiguales, las dificultades del acceso al estudio y al trabajo, que consideramos inaceptables (aunque existan) en la cultura occidental.

En la mayor parte del mundo, la discriminación va hasta la muerte.

Las niñas son el ser humano peor tratado. Muertas antes de nacer víctimas del aborto selectivo de fetos femeninos en la India. Víctimas de infanticidios generalizados en China. Peor cuidadas, alimentadas, vacunadas si sobreviven, mutiladas en lo más íntimo en Africa... La matanza se refleja en el desequilibrio poblacional entre hombres y mujeres. Las estadísticas reflejan la falta de 100 millones de mujeres en Asia.

Las mujeres de Kabul, carentes de todo derecho, son objeto extremo de un «apartheid» salvaje. Pero no hace falta ir tan lejos. Hace 500 años, los teólogos católicos dudaban que la mujer tuviese alma. El menosprecio hacia la mujer todavía late a flor de piel en nuestra cultura. A ningún Ministro-varón se le hubiera llamado «becario de la Moncloa».

El problema no tendrá solución hasta que el feminismo no sea cosa de hombres.

CRÓNICA DE CHILE

El Siglo, 9.03.98

En invierno un calor seco sofoca a Santiago de Chile. Es el verano austral. Desparramada a los pies de los Andes, la ciudad emana un vaho contaminante que apenas permite adivinar las descarnadas cumbres. «Cuando éramos niños, me decía el Ministro de Obras Públicas, Ricardo Lagos, más que probable candidato de la coalición de centro-izquierda a la Presidencia de la República, la cordillera era un gigantesco y permanente telón de fondo. Hoy, los niños dibujan la ciudad sobre un fondo grisáceo vacío... la cordillera sigue ahí, pero no la ven».

Y eso a pesar de que los coches privados sólo pueden circular una de cada dos semanas. La desregulación a ultranza del transporte público ha inundado las calles de autobuses que colapsan la circulación compitiendo por el viajero, sin apenas horarios ni rutas.

Rosa murió a las puertas del hospital. Era una niña de corta edad que su padre llevó a urgencias de noche y en estado crítico. Antes de ingresarla le exigieron un cheque firmado y en blanco para garantizar el pago de la asistencia que podía haberla salvado. El desgraciado padre había olvidado la chequera en casa. Pues vaya Ud. a buscarla. Fue. Mientras, la niña esperaba a la puerta. Cuando volvió, había muerto. No estoy inventando nada. La prensa se hizo eco de esta historia, que sería inconcebible en España, pero que es real como la vida misma en un país donde se han mercantilizado los derechos hasta estos extremos. Algo parecido le ocurrió a Gabriel, bombero voluntario (en Chile no hay servicio público de bomberos), herido mientras sofocaba un incendio. Tuvo más suerte. No murió, sólo quedó ciego. Una vidriera reventada por el calor le sembró de cristales los ojos. Acompañado por el responsable de su grupo recorrió varios hospitales. En todos les pidieron un cheque firmado en blanco. Los bomberos no suelen ir a apagar los incendios con la chequera a cuestas. No fue aceptado en ninguno. Increíble, pero cierto.

En Chile no existe un sistema público de pensiones, ni salario mínimo, ni derecho a la negociación colectiva, ni regulación de la jornada laboral, ni ninguna clase de seguros ni subsidio de desempleo, ni siquiera de carácter contributivo. El trabajo, como la salud, el saber o la educación han sido reducidos a la categoría de simples mercancías; y el mercado, liberalizado y desregulado triunfa en todo su esplendor... de las desigualdades abismales que produce. Algo que a los teóricos económicos del PP les encanta y seduce. ¡Cuántas veces han cantado la excelencia del modelo chileno los que ayer le llevaban la cartera a Cuevas y hoy la llevan a Rato!

Al Ministro chileno de Trabajo del gobierno presidido por el democrático Frei no le gusta la situación del mercado laboral. Pero no puede cambiarla. Lo intentó elaborando un tímido proyecto que permitía algunos avances en cobertura del desempleo y negociación colectiva. Fue rechazado en el Senado, donde la derecha tiene una mayoría casi autocrática. Ninguna de sus moderadas propuestas pudo prosperar, porque los senadores de la derecha lo impidieron con sus votos, haciéndose eco de las amenazas de la patronal, que veía en esas medidas importantes obstáculos a la flexibilidad del mercado que, naturalmente, obstaculizarían el empleo.

Ese fracaso es una muestra de la sensación de impotencia que sienten muchos chilenos frente a una democracia mutilada y tutelada. Este sentimiento es lo que explica el alarmante porcentaje de abstención y de votos nulos y blancos producido en las últimas elecciones legislativas. ¿De qué sirve votar si al final el sistema electoral y la peculiar institución de los senadores designados y vitalicios dan la mayoría a la derecha dura y a los pinochetistas de forma prácticamente inevitable?

Dura transición la chilena. Inacabada y vacilante. Con un Ejército que se constituye como un poder autónomo del poder político. Con la perspectiva de ver al general Pinochet convertido en Senador mientras le plazca, sin necesidad de ser elegido ni reelegido. Visto desde nuestro hemisferio político, la muerte de Rosa es tan inasumible como hubiera sido esperpéntico ver al general Franco convertido en diputado de las Cortes democráticas.

Se comprende que un grupo de diputados de la conertarisa (así llaman en Chile a la coalición de demócrata-cristianos, socialistas y socialdemócratas de Lagos que auparon a Frei a la Presidencia de la República) propusieran lanzar «acusación constitucional» contra Pinochet para impedir que se convirtiera en senador a partir de su retiro, previsto para finales de enero... pero que todavía no se ha producido.

Sí, hacía calor en Santiago. En el extremo sur patagónico, al pie de las majestuosas Torres del Paine, el calentamiento de la atmósfera mostraba sus efectos en los glaciares mutilados que ya no llegaban a tocar el mar. «Hace años el hielo se hundía en el mar y se resquebrajaba. Ahora se queda monte arriba», comenta el marinero que ha envejecido viendo cómo los glaciares se quedaban, cada vez más, monte arriba.

Los glaciares chilenos, amputados, son un buen exponente de la realidad del tan discutido cambio climático. Los mercados desregulados por la Chicago Co. a la que Pinochet ofreció sus laboratorios en carne viva para aplicar sus teorías, son un ejemplo de las amenazas que se ciernen sobre una sociedad que convierte los derechos en mercancías.

El caldeado ambiente político de Santiago mostraba las dificultades de su inacabada transición política.

¿PRIMARIAS?

El Siglo, 6.04.98

Escribo mi habitual colaboración con *EL SIGLO* aprovechando el breve remanso del puente de San José. Mientras escribo, la primavera explota y la letra de una canción desgrana una evidencia inevitable... «El tiempo pasa...».

Vaya si pasa. Siete años han pasado ya desde otro puente de San José. El de 1991 fue gris y lluvioso. Acababa de ser nombrado Ministro de Obras Públicas y lo pasé empapándome de los problemas de la vivienda, las telecomunicaciones, el medio ambiente, la inversión pública... Temas apasionantes que llenaron sin resquicios los cinco años siguientes.

Pero aunque en estos días el tiempo discurra plácido, sobre ellos planea el interrogante de las elecciones primarias que vamos a discutir en el Comité Federal.

La decisión de establecer un sistema de *primarias* para elegir el candidato a la Presidencia del Gobierno corresponde al Comité Federal. Pero, por un azar de la vida, su aplicación práctica, aquí y ahora, parece depender de mí. Todo parece indicar que, si no presento mi candidatura, no habrá otro candidato que Joaquín Almunia, secretario general del partido, de cuya Comisión Ejecutiva yo formo parte. Las primarias quedarían establecidas en teoría, habríamos desarrollado en los reglamentos un acuerdo del congreso, y las seguiríamos considerando como un elemento de dinamización y transparencia de la vida política. Pero, de momento, no se aplicarían.

Muchos respirarían aliviados. Para otros muchos sería un elemento de frustración adicional. Ciertamente, el sistema tiene ventajas e inconvenientes. Su resultado final, y no me refiero a quien pudiera ganarlas, es incierto. Después de las divisiones que nos han fragmentado y del cambio repentino en un largo hiperliderazgo, no es seguro que podamos soportar una elección abierta y explícita entre dos personas, previo el correspondiente debate, sin producir nuevas divisiones.

Tampoco la lógica del sistema está muy clara. Sobre todo si se interpreta como una «segunda vuelta del congreso». Seria absurdo y peligroso que así fuera. Pero la declarada intención del secretario general de dimitir si no resultase elegido candidato convierte de hecho a las primarias en una especie de moción de confianza o de censura no prevista en las reglas de juego establecidas en el congreso.

¿Podemos realmente pedir a un militante que exprese su preferencia por un candidato distinto del secretario general, si sabe que, al hacerlo, puede provocar una crisis en el partido y la convocatoria de un congreso extraordinario? Difícilmente.

Por mi parte, si decidiese presentarme, no me estaría presentado a la Secretaría General. Si hubiera querido hacerlo lo habría hecho en el congreso, que es cuando tocaba. Y cuando el congreso decidió elegir un secretario general y establecer otro sistema para elegir después un candidato a la Presidencia del Gobierno debía ser, supongo, consciente de la posibilidad de que los militantes eligiesen a otra persona para esta distinta responsabilidad. Si no era así, no se entendería por qué decidimos entonces, y vamos a ratificar ahora, poner en marcha este proceso.

Tampoco parece que nuestros militantes, simpatizantes y votantes estén muy satisfechos por la oposición que hacemos. Tampoco yo creo que podamos estarlo. Muchas veces, los debates no traspasan las paredes de las Cortes. El PP está dinamitando, a la chita callando, las bases financieras de la Seguridad Social. Pero nuestras reiteradas denuncias no encuentran más que silencio cuando se transmiten e indiferencia cuando se reciben. ¿Podrían servir las primarias para recabar la atención de los medios, situarnos en el centro de la escena política y aprovecharlo para contraponer nuestras propuestas, expuestas por la particular sensibilidad y capacidad de cada candidato, a las políticas regresivas del PP. Quizá. Si se trata de una plataforma para criticar al PP, muchos compañeros quisieran participar. Pero si se convierten en un sistema para criticar las opiniones de otros socialistas, el juego puede ser arriesgado.

Frente al riesgo de división, tenemos también la oportunidad de dinamizar la vida política y dar un mayor sentido a la militancia en nuestro partido. Quizá, durante muchos años de ejercicio del poder, esa famosa frase, «el que se mueva no sale en la foto», ha ido limitando la capacidad de iniciativa. Puede que ahora abordemos una etapa donde todos tengamos que «movernos» con mayor autonomía, si queremos «salir en la foto», es decir, volver a recibir un respaldo de la mayoría de progreso de este país.

No hay oportunidad sin riesgo. Y lo importante no son los riesgos que individualmente corra cada cual, sino los que soporte el Partido Socialista.

¿Se puede profundizar en la democracia interna, recuperando una sana tradición, que nada tiene que ver con un intento de importar los festivales electorales, *majorettes* incluidas, de los partidos americanos?

Habiendo llegado hasta donde hemos llegado, ¿no sería peor amagar y no dar? Quizá debamos, por fin, darnos cuenta de que las ideas no existen en el vacio y que el tan reclamado «debate de ideas» no es posible si no se produce «entre personas». Y las personas que forman parte de una organización política que se propone conseguir tan nobles ideales como la nuestra deberían ser capaces de debatir y competir sin necesidad de enfrentarse y aborrecerse.

Mientras el sol declina y los azules de la sierra viran al gris, pienso que quizá no debería, por prudencia personal, evitar un proceso del que pueden salir reforzados nuestra mortecina tarea de oposición y nuestro futuro candidato electoral. Acabo aquí mi reflexión. Escucharemos a los compañeros del Comité Federal... y las razones de mi decisión las expondré en otro momento.

PERSPECTIVAS POLÍTICAS DE LA SOCIEDAD DE LA INFORMACIÓN

Conferencia inaugural del World Computer Forum

Madrid...

Cada día resulta más evidente que las nuevas tecnologías de la información nos conducen a una nueva era de la organización social.

En efecto, lo que denominamos la «revolución de la información» no tiene solamente orígenes y consecuencias industriales, sino que va a producir cambios trascendentales sobre las formas de aprender, de producir, de comerciar, de consumir, y de disfrutar del tiempo libre; sobre las relaciones interpersonales y las formas de practicar la política. Estos cambios en la organización social y en los modos de vida, que configuran un nuevo proyecto de sociedad, una nueva frontera para un nuevo siglo. Así lo decía el presidente Clinton al presentar el documento «The national information infraestructure: agenda for action», utilizando un lenguaje fiel a la tradición de los grandes presidentes demócratas: «poner en marcha una revolución que cambie para siempre la forma en la que la gente vive, trabaja y comunica».

Las autoridades americanas esperaban, como decía el vicepresidente Al Gore en 1994, en un discurso casi profético, que esta revolución permitiese a su industria adelantar a sus competidores extranjeros, incrementar la productividad de su economía y crear nuevos empleos en los sectores de las nuevas tecnologías de la información (cit).

Pero los principales países industriales reaccionaron rápidamente a esta iniciativa americana. En Europa, el Libro Blanco de la

Comisión Europea *Crecimiento, Competitividad y Empleo (1994)* situaba a la sociedad de la información en el corazón de los desafíos tecnológicos, económicos y sociales de la Unión Europea. Le siguió el informe Bangemann («Europa y la sociedad de la información planetaria»), que propuso la liberalización completa del marco regulador de las telecomunicaciones en Europa y tomar diez iniciativas para construir la «Sociedad de la Información», relativas al teletrabajo, la educación a distancia o la gestión del transporte por carretera.

En Japón, el Consejo de las Telecomunicaciones diseñó un plan para que, en el año 2010, todos los hogares japoneses estuvieran conectados con las autopistas de la información, con un entusiasmo por las redes de alta capacidad, similar a la de los americanos, apoyándose en estimaciones según las cuales la actividad multimedia representaría el 6% del PIB. Es decir, más de lo que representa en la actualidad la industria del automóvil (4,6% del PIB).

En 1995 la reunión del G-7, dedicada a la sociedad de la información, consagró el papel fundamental del sector privado en el desarrollo de las autopistas de la información, la necesidad de liberalizar el acceso a los mercados de los servicios de telecomunicaciones (recientemente conseguido como continuación de los acuerdos del GAT) y la urgencia de informar mejor a los usuarios sobre los servicios a los que pueden tener acceso. Para ello proponíamos desarrollar el concepto americano de las infraestructuras globales (Global Information Infraestructure), y la idea comunitaria de los proyectos pilotos.

Así, el G-7 lanzó 11 grandes proyectos pilotos relativos a la interoperabilidad de las redes, la educación, los museos, el medio ambiente, las PYME, la salud y las administraciones públicas.

Todas estas iniciativas presentan una serie de puntos comunes:

- Cambios en el marco reglamentario de los sectores afectados.
- Mantenimiento del concepto de servicio público y de las obligaciones de interés general, tales como el acceso universal a la red y el desarrollo equilibrado de los territorios.

- Prioridad a los tendidos de fibra óptica en cuanto a infraestructuras.
- Desarrollo, financiado por el sector público, de experiencias que permitan explorar las demandas del mercado y las expectativas y necesidades reales del público.

Pero aunque nadie niegue la amplitud de los cambios que producirá la emergencia de la «sociedad de la información», muchas veces el debate se construye usando *neologismos vagos* (multimedia, interactividad, mundo virtual, cibereconomía, etc...). Para salir de ellos es necesario analizar la propia pertinencia del concepto «sociedad de la información».

El término «información» es muy general, y el propio concepto de «sociedad de la información» es ambiguo, incluso abusivo, puesto que la información, a través de su doble dimensión de contenido y de intercambio, es el fundamento de toda sociedad.

Pero es indiscutible que la información ocupa en nuestra sociedad un lugar y juega un papel mucho más importante que en el pasado. La sociedad post-industrial se basa en un incremento constante de la productividad. Pero el uso racional de los factores de producción depende críticamente de la información científica, económica, social o política disponible

Así, la información aparece como un motor de la actividad económica que suscita, a su vez, el desarrollo de un mercado cada vez más estratégico, porque afecta a la eficacia global de las economías desarrolladas.

La hipersensibilidad de los mercados financieros al menor rumor es un ejemplo muy ilustrativo. En realidad, los nuevos sistemas de información han alterado la propia naturaleza de los mercados. Buen ejemplo de ello es el NASDAQ. Que es hoy la segunda bolsa del mundo después del NYSE, rompiendo la relación entre mercado y plaza bursátil geográficamente localizada y desarrollando un concepto de mercado completamente deslocalizado y en soporte telemático.

En realidad, la evocación que hacemos de una sociedad de la información se explica en parte porque la economía, que se sitúa, cada vez más, en el centro de la vida social, depende de la información de una manera decisiva.

Pero han sido las nuevas posibilidades de acceso instantáneo y universal a la información la causa de dinámicas capaces de cambiar los modelos organizativos de la sociedad, que plantean, por ello, problemas de naturaleza política.

Así, en la aldea planetaria anunciada por MacLuhan, el desarrollo aislado de distintas culturas es cada vez menos imaginable y es cada vez más imposible cualquier intento de preservar a un modelo social de las influencias extranjeras.

Deberíamos, pues, hablar, para ser más concretos, de una *sociedad de la información universal e inmediata.*

¿Qué hay de nuevo en ella con respecto a la sociedad de la información telefónica? Esta dio lugar a un embrión de la sociedad de la información, como reconoció Al Gore al presentar su proyecto de la National Information Infraestructure. En realidad el teléfono es una «autopista elemental», una «basic information higtway».

Lo que hay de nuevo se puede concretar en una triple transformación con respecto al mundo del teléfono:

- El carácter multimedia de la información intercambiada.
- El anonimato y la neutralidad geográfica (que son las características más notables y preocupantes de Internet), en el cual el usuario ignora si su interlocutor es su vecino o si está en el otro extremo del mundo.
- La desmaterialización de los bienes intercambiados (el libro, objeto material, no es ya sino un conjunto de bits, como la voz).

Pero aunque las transformaciones tecnológicas y, en particular, la carrera competitiva entre el satélite y el cable se aceleren, el ritmo de cambio real estará dictado por las evoluciones sociales y culturales, que será mucho más lento que el de los cambios tecnológicos.

Es difícil que la organización social no se transforme como consecuencia de los nuevos modos de comunicación. El modelo tradicional del poder político, económico e incluso educativo se verá inadaptado cuando los que ejercen la autoridad no tienen la posibilidad de controlar una información burbujeante, que fluye a la velocidad de la luz y que tiene multitud de fuentes y orígenes.

Aunque la tendencia natural de las sociedades humanas sea organizarse de forma jerarquizada, y ello haga que estas hipótesis tengan que ser consideradas con mucha prudencia, no es menos cierto que la revolución de la comunicación debería favorecer la emergencia de una sociedad de «microiniciativas», alejada de los modelos burocráticos tradicionales, para evolucionar hacia lo que se llama el funcionamiento neuromimético, en referencia a los 100 mil millones de neuronas del cerebro humano, ninguna de las cuales cotrola jerárquicamente a las demás.

Las instituciones tradicionales del saber serán cuestionadas. Así, como decía el profesor Noan: «El impacto de la electrónica sobre la universidad será comparable al que tuvo la imprenta sobre la catedral medieval», poniendo fin a su papel central de transferencia del conocimiento. En efecto, las nuevas tecnologías de la información y de la comunicación deberían poder sustituir con ventaja al modo tradicional de comunicación del saber. ¿Para qué amontonar centenares de estudiantes en un anfiteatro si las autopistas de la información permiten acceder de forma más confortable, y al ritmo de cada cual, al saber y al conocimiento? ¿Para qué construir nuevas bibliotecas monumentales y costosas, en las cuales el acceso al libro será de todas formas regulado por la escasez de las plazas y por el número limitado de ejemplares de cada obra? En las futuras grandes bibliotecas numéricas los libros serán accesibles en cualquier cantidad en cualquier lugar; podrán ser consultados a distancia y además la digitalización podrá enriquecer el texto con una hipertextualización que lo ligue a las referencias bibliográficas de la obra que se consulte.

En realidad, en la sociedad de la información el problema de la penuria de información es *sustituido por el exceso de comunicación*.

El poder estará cada vez menos ligado a tener información sino a la capacidad de seleccionar la que sea relevante, en medio de un flujo continuo de información accesible a todo el mundo. Estaremos seguramente sometidos a un «bombardeo informacional» creciente y por eso la relación entre el hombre y la máquina, como explica muy bien el director del Media Lab del Tecnológico de Massachussets, el Sr. Negroponte, también se transformará, apareciendo figuras de inteligencia artificial a las que podremos confiar, en lenguaje normal, la ejecución de tareas complejas.

En todo caso asistiremos al triunfo del sonido y de la imagen sobre la tipografía impresa y a la regresión del lenguaje alfabético, como también anticipó en los años 60 MacLuhan. Pero la cuestión central seguirá siendo la de los contenidos (como se dice muy bien, no tiene sentido construir autopistas para hacer circular por ellas bicicletas). La calidad de los contenidos de la sociedad de la información serán determinantes para la naturaleza misma de esta sociedad. Es por eso preocupante la dominación que ejercen los EEUU sobre las industrias y programas audiovisuales e informáticos.

Un problema de extremada relevancia es la relación entre la sociedad de la información y el empleo. Según el Libro Blanco de la Comisión Europea, la sociedad de la información constituye un potencial enorme de creación de empleo. La revolución tecnológica a la que estamos asistiendo debería también seguir la ley según la cual toda transformación tecnológica mayor acompaña y produce un fenómeno de «destrucción creadora», según el cual la supresión de empleos provocado por el declinar de los sectores antiguos es más que compensado por los nuevos empleos ligados a las nuevas tecnologías.

Pero hemos de ser conscientes de que la revolución de la información que estamos viviendo presenta *cuatro diferencias sustantivas con respecto a las revoluciones industriales que la han precedido.*

1. Es mucho más rápida.
2. Afecta simultáneamente a todos los aspectos de la vida, mientras que las nuevas tecnologías de la revolución del car-

bón o del automóvil produjeron una transformación progresiva y paulatina de las formas de producir y consumir.

3. Aumenta enormemente la oferta de trabajo, mientras que las revoluciones industriales precedentes destruían o creaban empleo, pero mantenían constante la población activa.
4. Facilita mucho la deslocalización del empleo. En efecto, la existencia de infraestructuras de comunicación de banda ancha entre los países europeos y los que disponen de una mano de obra cualificada hace posible el cambio de ubicación de actividades que se «teledeslocalizan», tales como la elaboración de programas de software, los tratamientos de cheques o la gestión de los billetes aéreos. Aunque junto al de una deslocalización «off-shore» hay que tener en cuenta los efectos «in-shore», es decir, la capacidad de los países desarrollados a ofertar teleservicios sofisticados para países en desarrollo.

En realidad, nada de esto es nuevo, simplemente el proceso se acelera: ya desde principios de los 80 las empresas americanas comenzaron a exportar a los países del Tercer Mundo empleos ligados a la informática, por ejemplo, el tratamiento de datos en las islas del Caribe para las compañías aereas de Florida. Pero este mercado mundial, que estaba evaluado en 1.000 millones de dólares en 1987 es de 3.000 millones de dólares en 1991 y puede pasar a 50.000 millones de dólares a finales de siglo.

Así, hay un grupo muy importante de empresas que se han especializado en Filipinas y en Jamaica, dando trabajo a más de 4.000 personas para una demanda que viene del Japón, de los EEUU y de la Unión Europea. El ejemplo más chocante de teledeslocalización que ha tenido un valor simbólico es el de la compañía aérea Swisser que ha implantado su contabilidad y su servicio de reservas en Bombay, lo que le ha permitido ahorrar ocho millones de francos suizos por año y de suprimir más de 1.500 empleos. Pero Swisser no tiene reparo en decir que los indios trabajan una hora menos que sus colegas suizos y tienen un rendimiento muy superior. La diferencia de costes es abrumadora, usando una mano de obra a 400 francos mensuales. Para volúmenes muy importantes de datos, el coste del tratamiento varía desde uno y cuatro entre Europa y Manila.

Pero, en realidad, los riesgos para el empleo en los países industriales, como consecuencia de estas teledeslocalizaciones no ha podido ser evaluado de forma definitiva, a favor o en contra de las tesis pesimistas de los que temen por el empleo y de las optimistas que dicen que el efecto es más que compensado por el desarrollo de los servicios a alto valor añadido, tales como las nuevas actividades de tele-compra, los servicios de cálculos de itinerarios para los transportes (que en Europa lo usan ya más de 20.000 transportistas) o los sistemas de tele-seguros. Pero ninguno de estos nuevos desarrollos sería posible sin el control de las redes y las bases de datos informáticos, lo que preocupa también a los profesionales del sector financier: recientemente un responsable de marketing del City Bank; cuando se le preguntaba quién iba a ser su principal competidor, señalaba a Microsoft. Es decir, no le preocupaba la competencia de otro banco, sino la de una empresa de servicios informáticos que está haciendo grandes inversiones en un sistema de moneda electrónica sin tarjeta de crédito integrable a su sistema de software Windows.

Todas estas transformaciones serán difíciles y dolorosas para el conjunto de la sociedad, pero también para el conjunto de las empresas Microsoft, Apple, Compact y Lotus eran empresas desconocidas en 1980 y hoy dominan el mercado. Las empresas que ganarán la próxima competición quizá son hoy desconocidas, puesto que el sector se caracteriza sobre todo por la rapidez en la innovación.

¿Cuál va a ser el impacto real sobre el crecimiento y la prosperidad? Business Week no deja de hablar de un futuro radiante. Las NTI representaron en EEUU en 1993 el 45% de la inversión privada, mientras que la industria mecánica fue sólo el 20%. Diez años antes estaban empatados al 29%. Por su parte las exportaciones han doblado su participación del 7 al 14% en doce años.

El automóvil emplea 800.000 personas y esta cifra está estabilizada desde hace veinte años. La industria del software y del tratamiento de la información ha pasado de 150.000 en el '75 a 900.000 en el '93.

Pero junto a estos datos positivos aparecen los negativos: los despidos masivos del 95-96 para las grandes sociedades informáticas IBM (—14%), Apple (—16%), ATT (—10%), en total 140.000 empleos perdidos. ¿La nueva dinámica creará más que lo que destruirá? Quizá para apreciar el impacto real de los sistemas de información en nuestra sociedad nos falta una relación entre la microeconomía y la macroeconomía. Sabemos que desde hace 200 años todo el desarrollo económico ha estado condicionado por el progreso tecnológico, en un círculo virtuoso que, a cada destrucción de un producto o de una profesión ha respondido generando a medio plazo más empleos y más actividades.

Sabemos también que en los procesesos de innovación tecnológica, industrial y comercial, la comunicación juega un papel de catalizador, como lo demuestra el efecto catastrófico producido por los límites impuestos a la libre circulación de las ideas en las empresas y en los países. Sabemos que el número de líneas telefónicas por 1.000 habitantes es cercano en todos los países al 2% del PIB anual expresado en dólares. Pero, ¿cuál es la causa y cuál es la consecuencia de esta relación?

En realidad la comunicación es esencial para el desarrollo, porque estamos pasando de una sociedad industrial a la sociedad de la inteligencia, es decir, a una economía inmaterial, donde las materias primas y los capitales juegan un papel menos importante que el acceso a la buena información y a la movilidad y al desarrollo del talento. Por eso no hay que hablar tanto de sociedad de la información en referencia restrictiva a la industria de la información. El hecho relevante es que las soluciones de los problemas más importantes ya no son de orden material, lo que nos introduce en el mundo de lo cualitativo, que es difícil de entender y expresar, utilizando nuestras técnicas contables e indicadores que reflejan solamente problemas y soluciones cuantitativas.

El impacto de las nuevas tecnologías es también preocupante desde la perspectiva de la fractura socio-cultural que pueden producir. Así, por ejemplo, se argumenta que la renta media de un usuario de Internet es más del triple de la renta media de un país europeo, lo que alimenta la acusación de elitismo a las nuevas tecnologías de la comunicación. En mi opinión, esta acusación está poco justificada, porque, como ha ocurrido con el automóvil o la televisión, las formas de consumo de bienes duraderos se difunden por arriba.

Es verdad que el temor de que se desarrolle una sociedad de dos velocidades, o como lo expresó Al Gore, una sociedad de los «informations-have» y los «informations-have-not» nos plantea un riesgo real de dualización social. El riesgo de que se cree un foso en el corazón de nuestras sociedades desarrolladas entre los «info-ricos» y los «info-pobres». Este foso puede ser de naturaleza social, o de naturaleza generacional (de una generación a otra las capacidades son distintas), o incluso territorial, porque no todos los territorios van a estar equipados con las mismas infraestructuras.

Tampoco es despreciable el riesgo de que este foso se agrave entre países más desarrollados y menos desarrollados. Finalmente hay un riesgo de un foso lingüístico entre los países de lengua o de cultura anglosajona y las naciones con culturas minoritarias.

Este riesgo de apropiación desigual de las técnicas que conducen a una sociedad a dos velocidades, en las cuales solamente una parte de la población accedería a las nuevas redes de los servicios avanzados, es un riesgo real que puede generar un rechazo social al que hace referencia el Informe Bagemann. La responsabilidad de los poderes públicos estriba en minorar este riesgo y disminuir sus efectos indeseables, de luchar, como dice Jean Batiste de Foucolt, contra el «Analfabetismo de la Información». Los poderes públicos deben preparar a los ciudadanos para que esta nueva sociedad no cree un foso entre las generaciones pre y post-numéricas. Pero también es verdad que las tecnologías de la comunicación, equitativamente distribuidas y utilizadas, constituyen una palanca potencial de un enorme poder para combatir las desigualdades, para evitar las fracturas sociales, aumentar el acceso a la información y a la educación, es decir, contribuir a la igualdad de las oportunidades en todo el territorio. El riesgo de un territorio a dos velocidades es quizá más importante o más real que el riesgo de una sociedad a dos velocidades. Por eso países como Francia han tomado medidas importantes en su legislación de las telecomunicaciones para asegurar que las redes de banda ancha cubran todo el territorio en el horizonte 2015.

El riesgo de «territorio a dos velocidades» es mucho mayor a escala mundial. El 75% de la población mundial tiene sólo el 5% de las líneas telefónicas del planeta. Aunque las perspectivas de crecimiento de estos mercados son enormes: (China va a instalar cada año las mismas líneas telefónicas que hay en Canadá), hay un riesgo de que los PMD (Países Menos Desarrollados) se conviertan en los PMC (Países Menos Conectados).

El discurso de Nelson Mandela, presidente de Sudáfrica, en el Telecom '95, al que tuve el honor de asistir como Ministro español responsable de las Telecomunicaciones, fue desde este punto de vista muy claro: las tecnologías de la información no deben ser consideradas como un lujo que llega después del desarrollo de los países sino como una condición que determina la propia capacidad de desarrollo.

Con respecto a los problemas lingüísticos y culturales, se habla de un potencial «imperialismo cultural», asociado al desarrollo de Internet. Sin pretender ir demasiado lejos en esta dialéctica, hay que señalar que la preocupación por la pluralidad cultural ha hecho que se introduzcan instrumentos de traducción automática en el funcionamiento de las nuevas tecnologías de la comunicación. Así han aparecido sociedades (Compuservice, por ejemplo), que proponen un fórum de discusión en Internet, en el cual un autómata de traducción simultánea permite a los participantes expresarse en su lengua materna. Los efectos políticos y culturales no son, desde luego, los menos importantes. De ellos se ha hablado mucho con respecto a la televisión y mucho más se hablará con respecto a la comunicación permanente del ciberciudadano, que plantea una problemática que puede abordarse desde una doble perspectiva:

1. La *falta de control centralizado de Internet* plantea problemas de equilibrio entre los principios de libertad y de protección del individuo.
2. La *atracción por el mundo virtual plantea el riesgo de un individuo aislado de su esfera social.*

Se plantean así grandes debates sobre si hace falta o no un control central de Internet, o sobre el encriptamiento de los mensajes, es decir, sobre el conjunto de medios que permiten hacer que un mensaje sea incomprensible, lo que plantea en el fondo el derecho a la confidencialidad de los intercambios.

Este debate sólo ha arrojado, hasta el momento, una incomprensión total entre los partidarios más extremistas de la libertad de información por una parte y los defensores del derecho a la propiedad intelectual o la protección del menor, por otra. Pero sin duda, la multiplicación de datos sobre los individuos y su conexión a las grandes redes de comunicación exigirán que se refuercen los poderes de las comisiones nacionales que regulan el uso de los datos al estilo de lo que existe ya en Francia bajo la denominación de Comisión Nacional de la Informática y la Libertad.

La dificultad más importante para que los poderes públicos puedan intervenir eficazmente en la regulación de estas redes proviene de la propia mundialización de la red, que hace muy difícil un control estrictamente nacional de su contenido. La posibilidad de que todo individuo pueda acceder de forma anómima a la red, no solamente como receptor de información sino en tanto que emisor de mensajes, hace a la vez la fuerza y la debilidad de una red no controlada como es Internet.

Mientras esperamos que las redes se autoregulen, estamos asistiendo al desarrollo de terminales inteligentes que permitirán definir criterios de selección de la información, como por ejemplo en Canadá donde hay elementos electrónicos anti-violencia, (el «V-CHIP»), que controla el grado de violencia a partir del cual el telespectador desea interrumpir la recepción de una emisión. Este nuevo «mundo virtual», que tiene el riesgo de la pérdida de relación del individuo con la colectividad, también ofrece la posibilidad de aumentar la democracia participativa y la posibilidad de crear nuevas relaciones sociales no basadas sobre la proximidad, geográfica, familiar o profesional.

La clave de este proceso es sin duda la palabra : «virtual». La «virtualidad» es la más ambigua de las palabras que utilizamos hoy en la discusión sobre la sociedad de la información. La «virtualidad» o «lo virtual» corresponde en realidad a toda creación inmaterial y digitalizada que no sea una simple reproducción del real.

Sin pretender profundizar ahora en este concepto y sus implicaciones, creo que la discusión sobre los efectos de la «virtualidad» se pueden analizar a lo largo de tres ejes:

1. *Resolver el problema de la dificultad de acceso al mundo real,* como es el caso de los museos virtuales sobre Internet.
2. *Sustituir la ausencia de lo real* en la creación de mundos imaginarios, como por ejemplo la reconstrucción de monumentos destruidos de los que se conservan planos.
3. *Disfrazar el miedo de lo real,* es decir, desarrollar una convivialidad telemática que evita tener que confrontarse unos a otros.

Es difícil de calibrar el impacto de estas posibilidades de las nuevas tecnologías de la información, sustituyendo a actividades que hoy se fundamentan en una forma de presencia simultánea y colectiva. El teletrabajo, la telerestauración, la telecultura, la telecompra conducen a temer que esta evolución haga perder la relación social sobre la que se basa la democracia. Pero también apuntan la posibilidad (Ross Perot lo cita continuamente en sus campañas electorales) de instaurar referendums electrónicos permanentes, haciendo que la democracia sea más participativa, o como el ejemplo, quizá un poco ingenuo, de la posibilidad para los americanos de enviar un mensaje a la Casa Blanca a través de Internet a una dirección específicamente establecida para ello.

En este contexto, el papel de los poderes públicos es más difícil, porque ya no se trata de una intervención de tipo económico, con inversiones masivas, fomentando la industria nacional o creando operadores nacionales cuya actividad se acota en el territorio de cada país, como ocurrió desde los '60 hasta principios de los '90, en el esfuerzo del equipamiento telefónico del mundo occidental.

También hay que aprender lecciones de algunas utopías, como el Plan Cable Francés, que acabó en el fracaso que se conoce y cuyas razones habría que analizar cuidadosamente. Entre el '83 y el '86 el Plan Cable pretendía cablear en fibra óptica al conjunto de las grandes ciudades francesas en cinco años. Sin embargo, en 1995 el número de abonados era cinco veces menor de lo previsto y la red seguía siendo esencialmente una red en cobre coaxial.

De ese plan cable se esperaban innovaciones tecnológicas, creación de empleo, movilización de fuerzas sociales, producción de programas locales, la transformación de la vida comunitaria a través de la interactividad, la dinamización de las relaciones sociales, etc... Pero el fracaso indiscutible y costoso de este gran proyecto demuestra que, a veces, las ideas geniales apoyadas en propuestas tecnológicamente viables llega demasiado pronto y que francasan porque no hay buen reparto de papeles entre los decisores políticos, los actores industriales y los suministradores de servicios.

Por eso quizá, frente al desarrollo masivo de las redes en fibra óptica, hay recomendaciones más prudentes, tratando primero de establecer plataformas para experimentar los servicios, de efectuar una promoción conjunta de las estructuras de red y de los contenidos y de intensificar las conexiones entre la fibra óptica y otras formas de transmisión menos costosas para llegar al domicilio de los usuarios.

En todo caso, parece claro que el papel de los poderes públicos tendrá que ser «hacer-hacer», más que «hacer». Preparar marcos reguladores que permitan evitar los riesgos a los que antes he hecho referencia, al mismo tiempo que se incentivan las experiencias locales y la utilización de las redes ya existentes para el suministro de servicios avanzados de una forma progresiva.

Los grandes servicios públicos tendrán sin duda una capacidad de «arrastre» muy importante y el desarrollo de la sociedad de la información, del hombre cibernético, no será discontinuo con respecto a lo que ha sido el «hombre telefónico». En todo caso, información y comunicación aparecen como los dos elementos básicos de un nuevo concepto de la ciudadanía, para cuya construcción los poderes públicos deben renovar sus formas de acción, introduciendo este potencial de modernización en las relaciones entre el estado y el ciudadano y en toda la práctica administrativa, abriendo el acceso a la información pública en todo momento y lugar, evitando los desplazamientos a los edificios administrativos. Por otra parte, el acceso a las fuentes de datos accesibles a distancia y puestos al día permanentemente en tiempo real permitirá hacer realidad ese principio esencial, pero vacío de contenido, según el cual nadie puede ignorar la ley.

La educación y la medicina también deberán renovarse, o podrán renovarse de una forma espectacular. Es evidente que la sociedad de la información aumenta las probabilidades de que todos los niños superen las dificultades escolares, de la misma forma que para controlar el gasto sanitario sin disminuir la calidad de los cuidados, el telediagnóstico, la televigilancia y el telecontrol para las personas que tienen problemas para desplazarse y, el intercambio informatizado de datos y las mejoras en la gestión administrativa del sistema de seguridad social, son infinitas.

Corresponde a los poderes públicos hacer que las técnicas de la información sean utilizadas por el mayor número posible de ciudadanos y que el mayor número posible de ciudadanos se dirijan hacia estas técnicas.

Como dice Lionel Staleru, los robots y los chips electrónicos liberan cantidades prodigiosas de energía humana. A nosotros nos corresponde organizar nuestra sociedad para que estas energías en vez de producir un paro generalizado sean usadas para liberar al hombre de sus viejas y nuevas servidumbres.

La agenda del socialismo

Conferencia de Clausura del Forum Socialista,
Valencia, 29.11.97

Buenos días y muchas gracias a todos. Muchas gracias al Partit Socialista del País Valencià por haberme invitado a participar en estas Jornadas y muy en particular, a su nuevo Secretario General, mi amigo y compañero de tareas parlamentarias, Joan Romero, que ha encabezado uno de esos procesos de renovación tan difíciles y tan demandados en nuestra organización. Espero que estas jornadas nos permitan avanzar en el debate de nuestras propuestas a la sociedad. A todos vosotros y vosotras muchas gracias por vuestro tiempo y vuestra atención. Estar encerrados, debatiendo y discutiendo, en una mañana tan luminosa como ésta, demuestra, sin lugar a dudas nuestra vocación política.

El título de mi intervención es la Agenda del Socialismo. En él cabe casi todo. Pero si he querido utilizar la palabra «Agenda», es para hacer una referencia al tiempo político. Una agenda es una forma de administrar el tiempo, una relación temporalmente ordenada de actividades, que es lo que nosotros, desde la oposición y en una perspectiva de calendario electoral, nos tenemos que plantear. Es evidente que la actividad política, no se puede desarrollar desvinculada de la realidad, y de sus acontecimientos, salvo que nos queramos dedicar a especular y a teorizar sobre cómo deberían ser las cosas en un escenario ideal, dejando, como muchas veces decía Felipe González, que la derecha administre el presente mientras nosotros nos dedicamos a imaginar un futuro sin coordenadas temporales precisas. Pero el combate político cotidiano y la preparación de las elecciones (dentro de poco habrá unas y despues habrá otras, estamos casi siempre en campaña electoral en este país), no debería impedirnos analizar nuestros objetivos de fondo. La preparación de las elecciones, la inevitable selección de candidatos, y la también inevitable dialéctica interna que, se convierte a veces en enfrentamientos orgánicos que nos alejan de la ciudadanía, no deberían impedirnos articular nuestro sistema de valores con respecto al mundo que nos toca vivir. Esa es mi opinión, una tarea imprescindible para poder diseñar una alternativa que los ciudadanos puedan identificar como distinta de la derecha.

Quiero decir con eso que la reconquista del poder, por sí sola, no puede ser nuestra ideología. Volver a ganar las elecciones, porque hay que ganar las elecciones, porque hay que ejercer el poder, no puede ser, por sí misma, una justificación ideológica de nuestros planteamientos. Si aparentamos que sólo nos importa eso, será difícil que reconquistemos la confianza mayoritaria de la sociedad. Si aparecemos como los que queremos volver a ganar, sin explicar para qué queremos volver a ganar y cuáles son los elementos característicos de nuestra oferta política, que se perciban diferentes de los del PP, los ciudadanos se atrincherarán en ese «todos son iguales», «solo quieren mandar para disfrutar de las prerrogativas del poder».

En nuestra agenda debe haber sitio y tiempo para hacer frente a los procesos electorales y para definir una alternativa sobre muchos problemas para cuya solución no tenemos todavía propuestas suficientemente elaboradas. Las tuvimos, pero las tuvimos referidos a unas coordenadas políticas que han cambiado. Entre 1982 y 1999 ha pasado tanto tiempo, mejor dicho, ha cambiado tanto el mundo en un tiempo tan corto, que muchas de nuestras recetas han caducado. No nuestros valores, pero sí la forma de plasmarlos en actuaciones políticas concretas.

Este país no es el que era a principios de la década de los 80. Gracias a nosotros, en buena parte, se ha transformado profundamente. El resto del mundo también lo ha hecho. Casi nada de lo que hoy marca el fin de siglo aparecía como elemento determinante de una acción política cuando llegamos al poder. Incluso cuando llegamos al poder, llegamos con una especie de guía Michelín donde estaban descritas las acciones a aplicar aprendidas en los viejos tiempos universitarios, que no resisitió el choque con la realidad, como tampoco lo había resistido en Francia unos años antes.

El impacto de aplicar el programa común de la izquierda exigió plegar velas rápidamente, porque el mundo había cambiado y las políticas keynesianas habían sido concebidas para ser aplicadas en el interior de un país de economía relativamente cerrada. Pero con la permeabilidad de las fronteras, los impulsos de la demanda desde el sector público, en vez de aumentar la actividad económica en Francia, lo hicieron en el Japón y aumentaron la demanda de vídeos de importación en vez de dar más trabajo a los franceses. La amarga experiencia del socialismo francés nos sirvió a nosotros para no cometer los mismos errores. Pero quizás desde el 82 hasta ahora hemos asimilado demasiado las corrientes de pensamiento neoliberal, que han dominado politicamente en el mundo. Pero esas corrientes de pensamiento, aplicadas en casi todas partes bajo el impulso anglosajón, están hoy en crisis porque sus efectos negativos son ya extraordinariamente evidentes. Por eso, además de escoger los candidatos, cosa que interesa mucho a los medios de comunicación porque todo se resume en una cara o en una persona, deberíamos también preocuparnos mucho de elaborar una articulación aplicable de nuestros valores en el mundo de hoy y de mañana.

Agenda, que propongo para ello, debería tener, como los días de la semana, siete ejes de desarrollo. Los voy a enumerar.

El primero es la sostenibilidad de nuestro modo de desarrollo. Bajar de la retórica de la defensa del medio ambiente, algo en lo que todo el mundo está de acuerdo a un modo de desarrollo que sea sostenible en el tiempo y en el espacio. Si nos preocupa la igualdad, deberíamos ser bien conscientes de que nuestra forma de vida no es extensible al conjunto de la humanidad y, en consecuencia, o nosotros aceptamos cambiar la nuestra o condenamos al Universo a una dualidad insalvable entre los que usufructúan patrimonios naturales limitados y los que son excluidos de ellos.

El segundo es la transferencia de renta entre generaciones. Nuestra sociedad envejece. Parece que creemos tan poco en nuestro futuro que ni siquiera nos tomamos la molestia de reproducirnos. Y como consecuencia de ello, la proporción de la población mayor de 60 años aumenta, la vida se alarga y la transferencia de renta entre los activos que producen y los inactivos que ya no pueden producir, plantea un problema mayor de concepción social frente al cual la izquierda debe defender soluciones radicalmente distintas de la derecha, que articulen el papel de la colectividad frente al del sistema financiero. Es preferible defender un sistema de transferencia de renta basada en un pacto político entre generaciones que dejamos a todos y cada uno pendientes del buen hacer del banquero.

El tercero es el problema de la liberalización de los servicios públicos y el mantenimiento de un principio de igualdad en el espacio. Antes, el correo, las comunicaciones, la electricidad, eran servicios públicos con precios iguales en todo el territorio, aunque el coste no fuera el mismo en todas partes. Cuesta igual mandar una carta a una aldea perdida en las Alpujarras que de Madrid a Barcelona. Bueno, no cuesta igual, no. Se paga igual, pero el coste es muy distinto. Los mecanismos de distribución interna de costes hacen que la electricidad valga lo mismo en todas partes. Pero no sólo es posible por un sistema regulado y, en algunos casos, con monopolios públicos. La apertura a la competencia suprime esta forma implícita de solidaridad y hará que los precios sean distintos porque los costes de suministro también lo serán. Tendrán el sacrificio de la competencia, pero unos ganarán y otros puede que pierdan. ¿Cúal es el límite de ésta evolución? ¿Hasta qué punto estamos dispuestos a aceptar que servicios públicos básicos, como la comunicación o la luz, tengan precios distintos según los territorios porque sus costes son distintos? Se plantea un interrogante para la solidaridad y la igualdad, de la que no somos suficientemente conscientes cuando proclamamos que la competencia, y sólo la competencia, tiene que administrar la provisión de servicios básicos, en un país tan heterogeno y desequilibrado territorialmente como el nuestro.

La cuarta, que me hubiera gustado también ponerla la primera, la reordenación del tiempo del trabajo. Si algún reto tiene la izquierda hoy, inmediato, muy inmediato, es organizar la producción de forma que unos no sean excluidos del derecho al trabajo y otros sometidos a un fuerte estrés por exceso del mismo. La reducción de jornada y la reordenación del tiempo del trabajo es un imperativo inexcusable, puesto sobre la mesa del debate político por la evolución tecnológica, y por el empuje político de nuestros amigos socialistas ingleses y franceses.

El quinto es la globalización financiera. Creo que uno de los grandes errores del socialismo europeo fue aceptar la completa libertad de movimiento de capitales, sin ninguna clase de armonización fiscal previa. Hemos aceptados que los capitales fuesen transhumantes de un punto al otro del Globo a la velocidad de la luz, moviendo masas de recursos que, como aludes de nieve, pueden derribar gobiernos sin ninguna clase de norma que garantizase una tributación efectiva de sus rentas. Como dice Gorge Soros, el gran especulador, «es una vergüenza que tipos como yo podamos hacer lo que hacemos». Pero la culpa no es de los mercados, es de los gobiernos que han creado las condiciones en las que operan.

El sexto es Europa. Una Europa construida bajo el principio del mercado, y prácticamente sólo del mercado. Del mercado y de la autoridad política independiente de un Banco Central, que escapa al control democrático de los ciudadanos. Es una buena muestra de la desconfianza hacia la política que se ha instalado en las mentalidades, y que sólo ahora empieza a virar hacia una consideración más social, sin la cual Europa será rechazada por los ciudadanos. Y la moneda única no sobrevivirá. La necesidad de un órgano de coordinación de las políticas económicas, una especie de gobierno económico europeo, se hará inevitable.

Y el último, muy de dominio interno, es el problema de la articulación autonómica. España salió mal cocida del horno de la Historia y su cocción defectuosa se manifiesta día a día en las tensiones territoriales que hasta a nosotros, los socialistas, nos coartan. Ya no podemos decir, como decíamos antes con orgullo, que este partido defiende lo mismo en Zaragoza, en Murcia y en cualquier parte de España. Hemos sido capaces, durante mucho tiempo, de defender posiciones validas para todos, que reflejaban un principio de cohesión social del territorio. Eso ya no es tan cierto. Más bien, ahora, cada uno defiende lo suyo y eso no siempre es compatible con lo que concierne al vecino. En mi opinión, si este Partido tiene una razón de ser, es, entre otras, su capacidad de articular propuestas políticas que sean válidas para el conjunto del Estado, para el conjunto de las Comunidades Autónomas de España, arbitrando y buscando equilibrios entre los intereses contrapuestos de unos territorios con otros. De lo contrario, habremos abandonado un lenguaje de intereses sociales para volver a utilizar una dialéctica tribal, basado únicamente en el asentamiento en el territorio, como si dentro de cada territorio la sociedad fuera homogénea, y no estuviese también articulada en intereses contrapuestos.

Finalmente, había que pensar cómo renovar los modos de funcionamiento de nuestra organización sacudida por graves problemas. No podemos olvidar que ayer entró en prisión el ex senador y miembro de la Ejecutiva del PSC, Josep Maria Sala. La sociedad nos pide más transparencia, más participación, y se pregunta para qué sirven los partidos en general y nosotros debemos preguntarnos de qué manera servimos a aquello para lo que servimos.

Hecha la enumeración ya casi no me queda tiempo para entrar a analizar cada uno de los temas, lo cual es un refugio dialéctico muy adecuado, ¡Dejo aquí el pastel, quedo la mar de bien y empieza a hablar el siguiente! Pero no crean que lo he hecho ex profeso. He preferido presentar la agenda de nuestros trabajos de los que tendremos que seguir hablando durante mucho tiempo. También tendremos que orientar, cada vez más, nuestras propuestas programáticas dejando de adular al ciudadano. Corremos el riesgo de que la democracia se convierta en la demoscopia, es decir, sustituir las ofertas alternativas que son valoradas y apoyadas en función de las preferencias ideológicas, o de los intereses de cada cual, para un sistema de encuesta de opinión permanente para proponer lo que anticipamos que se desea, sea o no coherente con una articulación de valores políticos.

Ese cambio de la democracia por la demoscopia es la condena misma de la democracia. Y vamos en esta deriva porque hemos entrado en crepúsculo del concepto del deber. Nosotros, socialistas, debemos apelar a la lucidez social. Nuestro concepto de la democracia pasa por potenciar la capacidad de los ciudadanos para entender y poder optar. Hemos de oponernos a la adulteración de la democracia que pasa a través del turmix de la televisión, y convertirla en una especie de mercado político, donde importa más el color de la corbata que la oferta de las ideas que se hacen, donde importa más la brillantez escénica, la apelación demagógica o las promesas irrealizables, que la formación de ciudadanos conscientes de que los Reyes Magos nunca existieron, que todo implica un esfuerzo, un coste, o una transferencia de renta.

Voy a poner un ejemplo referido a una de las siete páginas de nuestra Agenda. La transferencia de renta entre generaciones. Hoy, dedicamos el 10% del producto bruto de nuestro país al pago de pensiones, el 10%. ¿Eso es mucho o es poco? Depende. Pero es lo mismo que dedicaba Alemania hace 20 años. Hace 20 años, Alemania, dedicaba el 10% de su producto bruto a eso. No parece que sea mucho. ¿Eso es sostenible en el tiempo? Depende. Depende de cómo quiera usted financiarlo. Todo el rato estamos hablando de la viabilidad del sistema en función de la evolución demográfica, poniendo en relación el número de activos con el número de pasivos. Diciendo que si la población envejece y los pasivos son cada vez más, y hay problemas de paro, y los activos son cada vez menos, el sistema será inviable. Ese es un discurso falaz, porque lo importante no es la relación entre activos y pasivos, sino el crecimiento del valor añadido bruto de una sociedad, el crecimiento de su renta. Lo que importa no es cuánta gente trabaje para producir una renta dada, siempre que esa renta aumente. Lo importante no es el número de activos sino el incremento del valor que produce la actividad social.

Os voy a proponer un simple cálculo. Si la renta bruta española crece al 2,5% los próximos 20-25 años, que es lo mismo que ha crecido de media en los años anteriores, y la población no crece, (y no está creciendo porque demográficamente estamos estancados), dentro de 20-25 años (aplicad las reglas del interés compuesto), la renta nacional sería el doble de la actual. Y si el número de personas no ha crecido, porque partimos de la realidad de que demográficamente estamos estancados, la renta per cápita sería el doble de la actual. Bueno, ¿me quieren decir dónde está el problema para seguir pagando las pensiones si la renta per cápita se ha duplicado? No es un problema de inviabilidad financiera, es un problema de voluntad política. Ahora estamos acostumbrados a pagar pensiones cobrando cotizaciones sobre los salarios, y eso es lo que tiene que cambiar, porque afortunadamente, digo bien afortunadamente, podremos producir cada vez más trabajando menos. Y eso, amigos, es una buena noticia, porque esta es la base del progreso. Desde que a un egipcio se le ocurrió poner un tronco de palmera debajo de la piedra que empujaba, y observó que le costaba menos trabajo hacerlo, la humanidad ha progresado gracias a la tecnología. El tiempo de la palmera queda muy lejos, pero ahí empezó todo, y en los últimos 20 años el incremento de la productividad debido al avance tecnológico, es tal que, por primera vez, buena parte de los trabajadores no tendrán trabajo de forma permanente en el sistema productivo material-mercantil. Eso sigue siendo, en principio, una buena noticia. Eso nos debería permitir vivir más convivialmente, repartir mejor las tareas en la convivencia familiar, y disfrutar de ese derecho a la pereza que proclamaba ya, Paul Laforque en los principios del socialismo. ¿Por qué no es una buena noticia para todos? Porque somos incapaces de administrar socialmente las transformaciones tecnológicas, y de distribuir adecuadamente los incrementos de productividad.

Imaginad que mañana, por arte de magia, todos los ladrones de este país se convirtieran a la más estricta moralidad y dejasen de cometer actos delictivos contra la propiedad y las personas. Sería un avance extraordinario para la civilización y el bienestar social. Pero sería una catástrofe para el empleo, porque imagínense la cantidad de parados que se producirían en todos los Cuerpos de Seguridad. ¿Tenemos por eso que incitar a los ladrones a robar más? Naturalmente que no. Y si mañana, un mañana que ya es hoy, los satélites son capaces de medir directamente el contador de agua, gas y electricidad de mi casa, facturar automáticamente y mandarlo a mi banco, sería estupendo, pero condenaría al paro a todos los trabajadores que van pasando por las casas apuntando el consumo del contador. ¿Y hay que parar el progreso para seguir trabajando de una forma mecánica cuando la máquina pueda hacer lo mismo por vosotros? Naturalmente que no. Lo que hemos de hacer es repartir los frutos de este progreso. La izquierda aprendió en el pasado a repartir la renta a golpe de impuestos y cotizaciones sociales, aprendimos a repartir la renta y fue un aprendizaje largo y doloroso, difícil. Los impuestos no se implantaron entre los aplausos de toda la ciudadanía, los impuestos se aplicaron con sangre, sudor y lágrimas y todavía hoy queda mucho sudor y mucha lágrima por verter antes de conseguir un mínimo de equidad fiscal. Y gracias a eso transferimos rentas entre generaciones, garantizamos una sanidad para todo el mundo, garantizamos educación para todo el mundo, y garantizamos que en situaciones de falta de trabajo haya una cobertura mínima. Incapaces de mantener a bordo de la nave del progreso a todos, al memos les suministramos un salvavidas.

Pero lo que no hemos sabido hacer todavía es repartir el empleo. Y no lo hemos aprendido a hacer, porque creíamos que la falta de trabajo era algo coyuntural, algo que duraba un tiempo pero se salía de él, porque el mismo sistema productivo ofrecía una salida. Un parado era algo transitorio y mientras durase esa transitoriedad, había que sustituir la renta del trabajo por una renta de subsistencia. Pero era transitorio. El gran problema es que ha dejado de ser transitorio. No nos engañemos, no cerremos los ojos a la realidad.

En este mundo hay todavía infinidad de necesidades por cubrir y, en cambio, el sistema productivo mercantil y material no necesita incorporar horas de trabajo humano como antes. Ya ni siquiera la guerra es una industria que consuma mano de obra.

El gran reto de la izquierda es armonizar esa transformación de la técnica y la evolución social. El paro hoy es estructural y tenemos que entender que hay dos clases de soluciones: una que consiste en no intervenir en el mercado de trabajo dejando que sea la oferta y la demanda la que lo equilibre, y extrayendo valor añadido de los que trabajan, a través de impuestos y cotizaciones para mantener vivos, biológicamente hablando, a aquellos que no pueden incorporarse al esfuerzo productivo, convirtiéndolos en ciudadanos de segunda. Ese mecanismo es inviable, porque cada vez más los activos se resistirán a esa succión fiscal, y cada vez más los marginados se convertirán en un número creciente de ciudadanos conscientes de su inutilidad y profundamente infelices, aunque puedan comer todos los días. Ese es el modelo tendencial al que avanza una sociedad que no quiere asumir las consecuencias de la transformación tecnológica.

El otro es repartir el tiempo de trabajo y la renta como las dos caras de una misma moneda. Y guardando siempre en mente que las empresas tienen que ser competitivas y que no se pueden multiplicar sus costes laborales o de cualquier otra clase sin poner en peligro su pervivencia. Hay que rechazar las soluciones milagrosas que consisten en pedir lo imposible, que consisten, como decían en el mayo del 68, en buscar la arena de la playa debajo de los adoquines porque no está debajo de los adoquines. Pero sí hay que reorganizar el reparto de la renta, de forma que no esté brutalmente disociada del reparto del trabajo, como ahora lo está. Y en eso la riqueza se juega su futuro. Mi tiempo ha sido de sobra rebasado, pido disculpas al moderador, muchas gracias.

Intervención de José Borrell Fontelles en el debate del Proyecto de Ley de Presupuestos Generales del Estado para 1997

Diario de Sesiones del Congreso de los Diputados, 22.10.96

Señorías, se dice, y se dice con razón, que el presupuesto es el núcleo duro de la política, porque en sus cifras se reflejan todas las contradicciones y las ambiciones de una sociedad, y contra esas cifras se estrellan, más pronto que tarde, toda la retórica y todas las falacias electorales, y esto es, señor Aznar, lo que le ha pasado a usted.

Su proyecto de presupuestos refleja la quiebra de todas las falsas promesas, la demagogia fácil, los engaños y las incoherencias con las que sembró usted su camino a La Moncloa. **(Rumores.—Aplausos en los bancos del Grupo Socialista.)** Sí, señorías. Veo que están ustedes tan asilvestrados como en la oposición. **(Risas.—Protestas en los bancos del Grupo Popular.)**

El Señor **PRESIDENTE:** Señorías, guarden silencio. Continúe, señor Borrell.

El señor **BORRELL FONTELLES:** Señorías, es el momento de recordar sus promesas de bajar los impuestos y las cotizaciones sociales —¿eran cinco puntos, verdad, señor Rato?—, de incrementar el esfuerzo inversor añadiendo siempre algo más de lo que proponíamos nosotros. Si decíamos 400.000 viviendas, ustedes proponían 500.000, y naturalmente seguían siendo insuficientes. De mantener el gasto social y, al mismo tiempo, reducir el déficit. Conviene recordar cómo todo se arreglaba suprimiendo el despilfarro de un Gobierno al que ustedes acusaban de comprar votos con el pan del PER. ¿Lo recuerda, señor Arenas? **(Aplausos en los bancos del Grupo Socialista.—La señora Martínez Saiz: ¡Los fondos reservados!)** Y de pagar apoyos vendiendo España en trozos del IRPF, como debe recordar sin duda el señor Fraga que recurrió la cesión del 15 por ciento y ahora se rompe las manos aplaudiendo la cesión del 30 por ciento.

No le voy a recordar, señor Aznar, su fábula electoral de los 5.000 altos cargos, porque ya está usted bastante desprestigiado con ello, pero será difícil quitar de la memoria la imagen de algunos que ahora son ministros suyos yendo a los cenáculos de la burguesía emprendedora a reprochar... **(Protestas.)**

El señor **PRESIDENTE:** Silencio, señorías.

El señor **BORRELL FONTELLES:** Yendo a los cenáculos de la burguesía emprendedora a reprochar el voto cautivo del sur perezoso para acabar viendo al señor Arenas aumentar un 15 por cien to el PER un año de lluvias. **(Una señora Diputada: ¡Las comisiones de Obras Públicas!)**

Señorías, han bajado ustedes los impuestos. Los han bajado y mucho para unos pocos. Han concedido beneficios al mundo empresarial y financiero que la Hacienda pública no puede soportar. Han aumentado la presión fiscal, señor Rato, 0,38 puntos del PIB. Congelan los sueldos de los trabajadores públicos. Reducen drásticamente la inversión civil. Aumentan el coste del sistema de financiación autonómica. Endeudan a las empresas públicas y a la Seguridad Social. **(Rumores.)** Y todo ello, señorías, es tanto más grave cuando este año debería ser el año en que el presupuesto reflejase una ambición colectiva, la ambición de este país de formar parte de la Unión Monetaria europea, que mi partido ha impulsado y comparte, y esta voluntad y este esfuerzo debería ser compartido por el conjunto de las administraciones y de los ciudadanos. No es esto lo que usted hace con su presupuesto, señor Aznar, sino todo lo contrario. No hubiera usted debido adoptar medidas regresivas que hacen al sistema fiscal más injusto y al presupuesto más endeble, ni embarcarse apresuradamente en un nuevo sistema de financiación autonómica cuyo coste y distribución seguimos todavía sin conocer. Porque se habrán dado cuenta, señorías, que este año por primera vez en la historia presupuestaria de este país el presupuesto no contiene ninguna información sobre la financiación que corresponde a cada comunidad. Todo lo que tenemos es una cifra, una simple cifra global sin que nadie nos explique de dónde procede ni cómo se calcula. Pero si hemos de creernos a la vez los anuncios que su partido, señor Aznar, publica en la prensa andaluza y lo que dice su gente desde Canarias hasta Murcia, su invento no cuesta menos de un billón de pesetas. **(Varios señores Diputados:** ¡Hala!) ¿No cuesta un billón? ¿Pues por qué no nos cuentan cuánto cuesta? **(Aplausos en los bancos del Grupo Socialista.)** Porque en los anuncios que ustedes pagan dicen que Andalucía podrá recibir —se curan en salud— 476.000 millones de pesetas. Andalucía es el 30 por ciento del sistema de financiación autonómica. Por tanto, más o menos un billón y medio. **(Rumores.)** Ya supongo que no será un billón. Pero, señorías, entonces ¿cuánto es? Porque si todos dicen que van a ganar más que nadie y ustedes garantizan que nadie va a perder (aunque sea una falacia creer que todos podemos ganar contra todos), el sistema tiene un coste y ustedes lo ocultan. Señorías, la verdad es que es una curiosa manera de convertir al Parlamento en el centro de la vida política, como usted anunciaba en su retórica electoral, suprimiendo del documento presupuestario la información sobre la financiación autonómica y publicándola en anuncios pagados en los periódicos. **(Varios señores Diputados del Grupo Popular: ¡Aaah! ¡Aaah!)** Eso me suena a...

El señor **PRESIDENTE:** Un momento, señor Borrell

Señorías, ¡guarden silencio! ¡Señor Arqueros! Señor Borrell, puede continuar.

El señor **BORRELL FONTELLES:** Decía que eso me sonaba al sonido emitido por un animal utilizado para transportar. **(Aplausos en los bancos del Grupo Socialista.—Protestas.)**

El señor **PRESIDENTE:** Señor Borrell, le llamo al orden.

Sus señorías guardarán silencio durante la intervención del ora dor. **(Rumores.)** ¡Señor Robles, le llamo al orden!

Si quieren manifestar su agrado o desagrado lo harán al menos cuando el orador termine el párrafo y lo harán con educación y con cortesía, y el señor Borrell no necesitará faltar a los Diputados porque el Presidente está aquí para defenderle. **(Aplausos.)** Puede continuar.

El señor **BORRELL FONTELLES:** Muchas gracias, señor Presidente.

Les decía que seguramente para demostrar su aprecio por el Parlamento obligan hoy a la Cámara a discutir la Ley de Presupuestos y otras cuatro leyes más, quitando atención y tiempo al debate presupuestario.

Empecemos por la primera de las dos leyes de acompañamiento, aunque ya les anticipo que le dedicaré la escasa atención que su importancia merece. Esta ley, señorías, no es nada más que un instrumento de agitación y propaganda. Discutirla de forma específica no tiene otro interés que hacer aquello que decía un gran pensador alemán, de raza judía, de aspecto desaliñado, cuando manifestaba que lo importante no es la realidad sino la percepción que se tenga de ella. Ustedes aplican al pie de la letra este pensamiento tratando de crear una percepción de la realidad que justifique el decreto-ley de crédito extraordinario gracias al cual se han construido un cómodo colchón para 1996 y 1997. No sabemos cuánto nos costará en términos de fondos de cohesión comunitarios. Y lo han hecho ustedes manipulando a la Intervención, como le han recordado los propios interventores, ¿verdad señor Rato?

No voy a caer en la trampa de dedicar minutos preciosos a discutir si el mes de enero es o no hábil a efectos contables, pero sí debo decirles que sus buenas intenciones, suponiendo que lo sean, no resuelven el problema que les preocupa y que ciertamente es un problema genuino, tal que el de cómo tratar los gastos creados por situaciones de emergencia o cómo fijar los justiprecios de las expropiaciones. Son temas interesantes, pero su análisis me llevaría demasiado tiempo. Ya lo haremos en las enmiendas parciales. Y si quieren ustedes discutir de verdad los problemas presupuestarios de nuestra legislación, traigan una alternativa a la Ley General Presupuestaria que nosotros trajimos y que ustedes nos devolvieron con la ayuda de Convergència i Unió.

Déjenme ahora solamente que les señale la flagrante incoherencia que tiene presentar el mismo día un proyecto de ley con la excusa de evitar el desplazamiento del gasto a ejercicios posteriores y, a continuación, otro proyecto de ley que trata de desplazar el gasto a los siguientes ejercicios mediante contratos de obra que imputen a los trece próximos años las decisiones de inversión o sustituyendo transferencias para compensar pérdidas de empresas públicas con el aval del Estado. Hay algo de kafkiano, con efe de KafKa **(Risas.)**, en debatir primero un proyecto de ley de disciplina presupuestaria y luego otro proyecto de ley que, cual homenaje que el vicio rindiera a la virtud, bien podría llamarse de indisciplina presupuestaria.

Pero fíjense, señorías, hasta qué punto este proyecto de ley no es sino un instrumento de agitación y propaganda y hasta qué punto es «casquiana», esta vez con ese **(Rumores.),** la actividad legislativa del Gobierno, que acabamos de debatir un proyecto de ley que modifica seis artículos de la Ley General Presupuestaria. Y vamos a entrar ahora a discutir otro proyecto de ley que modifica ocho artículos de la Ley General Presupuestaria, y entre ellos ambos, ¡pásmense, señorías!, está el mismo artículo 61, que modificamos dos veces seguidas de forma contradictoria en dos proyectos de ley consecutivos.

Señor Rato, ¿cuál de los dos artículos 61 le gusta a usted? **(Risas.)** el que acabamos de ver en este proyecto de ley o el que veremos en el siguiente proyecto de ley. **(Risas.)** No, no se crean que sea la repetición del mismo, que sería disculpable, sería un exceso de celo, es que son distintos y hasta contradictorios. ¿Cómo puede explicarse que dos proyectos de ley distintos traigan redacciones distintas de un mismo artículo? ¿Con cuál nos quedamos, señor Rato? ¿O es que las leyes las hacen unas en Moncloa y otras en Alcalá y los redactores de las mismas no hablan entre ellos?

En cualquier caso, entremos en el proyecto de ley de medidas fiscales, administrativas y de orden social. Este proyecto, como les decía, merece denominarse de indisciplina presupuestaria, por las brechas que crea en la contratación administrativa y por las vías que abre a la centrifugación del déficit. Pero, en realidad, todo el proyecto es un ejemplo de indisciplina con respecto a lo que debe ser una ley de acompañamiento del presupuesto, cuyo contenido debe estar limitado prudentemente en función de los ritmos de tramitación de esta ley. Para apoyar la enmienda a la totalidad, no tengo más que leerles lo que dice el Consejo Económico y Social en su informe. Dice que esta modificación fragmentaria de muy diversas y distintas leyes que ustedes hacen no se ciñe a los criterios de estricta necesidad y, por ello, el texto sometido a dictamen no cumple con las condiciones que debe cumplir una ley de estas características. Y sigue diciendo el Consejo que tampoco tiene una memoria económica que cuantifique mínimamente el efecto de sus medidas, y que, por tanto, no se puede saber en qué medida están de acuerdo con la política económica de sus presupuestos. Esto lo dice el Consejo Económico y Social y nosotros hacemos nuestra esta crítica y pedimos la devolución del proyecto al Gobierno.

Pero si eso no les bastara como razón genérica, quiero dejar constancia de nuestra oposición a algunos aspectos concretos de este proyecto de ley, como es la reducción de los módulos del IRPF, los incrementos elevados de las tasas, que no son sino impuestos indirectos encubiertos (ustedes llegan a gravar el cumplimiento de las obligaciones tributarias), la modificación de los regímenes jurídicos de la SEPI y de la Agencia Industrial del Estado, de la Ley de Aguas y de Contratos de las Administraciones Públicas, que permiten, entre otras cosas, la contratación directa, sin concurso ni publicidad, de toda la concertación sanitaria, que es un sabroso mercado de 130.000 millones de pesetas, o permiten también que las subvenciones a las nuevas entidades que van a gestionar los hospitales del Insalud estén exentas de requisito de publicidad.

Estamos en contra de esos contratos de obra diferidos a 10 o a 13 años porque no harán sino comprometer todavía más los 15 ó 20 próximos años, aumentarán el coste de las obras, reducirán la competencia y ni siquiera servirán, que es para lo que ustedes las quieren, para demorar la contabilización de la inversión y reducir el déficit presente, pues tendrán que imputar el coste de la obra cada año que se ejecute, si quieren cumplir los criterios contables del SEC. Y tampoco creemos que aumentar 25 años más el plazo de concesión de las nuevas autopistas sea un atractivo para nuevas concesiones, porque la aritmética enseña que el valor añadido neto del proyecto prácticamente no se modifica con los retornos a 75 años, por pequeña que sea la tasa de actualización que ustedes utilicen. ¡Ah!, pero eso sí, para las que ya están construidas; para las que están a punto de expirar las concesiones, aquí hay un sabroso negocio que la Bolsa ya ha descontado. Y puede ser una ocasión para que veamos hasta qué punto ustedes son capaces de establecer equilibrios coherentes entre el interés público y las expectativas de beneficio privado. Nada más sobre esta ley, señorías.

Entremos de nuevo en lo que de verdad nos trae aquí hoy, que es la Ley de Presupuestos de 1997. Señorías, quiero dejar claro al Gobierno que estamos de acuerdo con los objetivos macroeconómicos de reducción de la inflación y el déficit que ustedes proponen. Eran también nuestros objetivos. Son ambiciosos y difíciles de conseguir; pero son necesarios. Se sitúan en la parte alta de las expectativas positivas sobre la recuperación de la economía europea y de la actividad interna propiciada por la baja de los tipos de interés, que es una condición necesaria pero no suficiente.

Estamos convencidos de que para reducir el déficit, antes de nada, hay que crecer, y el presupuesto público que, a diferencia del presupuesto de una familia, está en relación interactiva con la economía nacional, tiene que ayudar a este crecimiento. Pero tememos y creemos que el suyo no lo hace.

El crecimiento del 2 por ciento de empleo mantiene la elasticidad de los dos últimos años; pero no hay nada en su presupuesto que permita avalar tal previsión. Lo único que hay, señor Rato, es una modificación, más bien valdría llamarla manipulación de los datos de empleo, por la cual el Gobierno podría considerar, a finales de 1997, que, con la misma ocupación que ahora refleja la EPA, se habrían creado 240.000 empleos. Este es un tema importante, señorías, porque dicen ustedes que el empleo es su mayor preocupación y, sin duda, debe serlo, porque es el mayor problema de nuestra sociedad. Pero en política de empleo ustedes confían en que éste se producirá simplemente por el efecto conjunto del crecimiento, por una parte, y la desfiscalización de las rentas del capital, por otra; se impulsa el ahorro, éste aumenta la inversión y ésta crea empleo. No es sino el discurso de la más pura ortodoxia paleoliberal, por la cual se supone que los que están peor, no están lo suficientemente mal como para que tengan ganas de trabajar, y los que están mejor, no están lo bastante bien como para que puedan ahorrar y que hay que alterar esos desequilibrios para conseguir que se crezca. Señorías, hoy sabemos que pueden convivir perfectamente los aumentos de la riqueza con una reducción del empleo, y que al desfiscalizar al capital es más seguro que aumente la desigualdad que no que aumente el empleo. Y todos los consejos europeos han dicho que hay que intervenir activamente en el mercado de trabajo, porque el crecimiento sólo no crea empleo suficiente. Pero constatamos que, por muy grande que sea su preocupación, en este terreno, su presupuesto no tiene innovación alguna.

Es muy optimista creer en un 2,7 de consumo privado; es muy optimista creer en un 12 por ciento los bienes de equipo; es muy optimista, más todavía, creer que la inversión crecerá un 3,2; es muy difícil creerlo. El consumo no arranca como ustedes dicen y la congelación salarial de los funcionarios y el recorte de las inversiones no van a ayudar; más bien lo contrario. Conviene recordar que ahorramos para invertir, pero invertimos para consumir, y de nada sirve invertir para producir si no hay expectativa de consumo sobre lo que se produce, y no las hay todavía, y quizás las haya menos con sus medidas un tanto malthusianas. Pero, créanme, comprendemos que ustedes tienen la obligación de ser optimistas, y nosotros no les vamos a aguar la fiesta. Tenemos dudas, las mismas que comparte cualquier analista bien informado, pero les aseguramos que colaboraremos para obtener este crecimiento, porque, si no lo conseguimos, el déficit será todavía mayor.

Estamos de acuerdo, pues, en los objetivos, lo repito e insisto, pero, señorías, con la misma energía y contundencia, quiero decirles que discrepamos en la forma de conseguirlos y que ni siquiera creemos que su propuesta consiga alcanzarlos de forma permanente, sostenible y equitativa.

Me permitiré criticar su presupuesto, porque es mi obligación, desde un triple punto de vista: primero, cuán creíble es; segundo, cuán posible es mantener, año tras año, su misma receta presupuestaria y, tercero, cuán equitativo es. Y les aseguro que me gustaría estar equivocado en muchas de las críticas que les voy a hacer; que ojalá tengan ustedes razones para convencerme; que yo les voy a preguntar, y espero, señor Rato, que en sus respuestas aporte información suficiente para que salga de aquí con una mayor fe sobre el presupuesto que la que tenía al entrar.

Al entrar por esta puerta pensaba, y pienso, que su presupuesto se basa en hipótesis poco razonables sobre la evolución de ingresos y gastos; utiliza términos de comparación creados *ad hoc;* ubica partidas de gasto en capítulos que no se corresponden con su naturaleza económica; anticipa ingresos; difiere gastos y centrifuga el déficit entre los distintos agentes del sector público. Suscita muchas dudas; me gustaría que me las aclarase para que, al salir de aquí, pudiese decir que confío más que antes en que el objetivo de déficit puede conseguirse.

No seré exhaustivo, porque no tengo tiempo, por muy benevolente que sea el Presidente, pero por eso mismo intentaré ser concreto, esperando respuestas concretas.

Señor Rato, empecemos por lo que más nos preocupa, que es el equilibrio de la Seguridad Social. Reconocen ustedes un déficit del 0,2 por ciento del PIB, 155.000 millones de pesetas, que cubren con un préstamo del Estado sin intereses y, por supuesto, con pocas esperanzas de devolución. Pero la Seguridad Social prevé un incremento de sus ingresos por cotizaciones de ocupados del 7,7 por ciento. Miramos la memoria de la Seguridad Social y vemos que opinan que crecerán las retribuciones un 3,2 por ciento y los asalariados un 2,7. Esto quiere decir, señorías, que, según la memoria de la Seguridad Social, la recaudación por cotizaciones no podría crecer más de un 6, eso sin descontar la congelación de los asalariados laborales del sector público. Es lo que dice la memoria de la Seguridad Social, señor Arenas. Y uno piensa: bueno, el señor Rato tendrá otra previsión. Y sin duda la tiene; tiene otra en el libro amarillo; la consultamos y resulta que es más pesimista que la Seguridad Social. Según el Gobierno, crecerán los asalariados un 2,6 y su retribución un 2,8. Eso quiere decir que no pueden recaudarse por cotizaciones más de un 5,5 por ciento, y ustedes prevén mucho más, un 7,7. Esto quiere decir que hay un déficit latente por menores ingresos de entre 110.000 y 150.000 millones de pesetas.

Pero si miramos la parte del gasto, vemos que ustedes creen que las pensiones contributivas van a crecer un 5,4 por ciento. En los dos últimos años crecieron un 9, y ustedes calculan esta tasa modesta suponiendo una tasa de sustitución del 0,8, que es la mitad de la históricamente registrada. Alguna razón tiene que avalar su hipótesis. Explíquemosla, porque, si no la hay, tienen ustedes

85.000 millones de gasto más del que presupuestan en pensiones. Y si miran el gasto en incapacidad laboral, ustedes esperan que baje un 12 por ciento; el año pasado bajó un 2; ustedes creen que bajará seis veces más; algo tiene que haber que avale la hipótesis, porque, si no lo hay, ustedes tienen 40.000 millones de pesetas de gasto más del que presupuestan. En su conjunto, si lo que digo tiene alguna verosimilitud, y ojalá me la quite usted, le faltan 250.000 millones a la Seguridad Social, con lo cual su déficit no sería el 0,2, sino el 0,5.

Pero hay más, señor Rato. Usted sabe que los ingresos de la Seguridad Social están en términos de derechos devengados, no de caja, y para eso apuntan ustedes en el presupuesto un préstamo, adicional al anterior, de 350.000 millones de pesetas para cubrir la diferencia caja devengo, pero, ¡oh, casualidad!, este préstamo no aparece consolidado en el conjunto de las Administraciones públicas, aunque aparezca en el capítulo VIII del presupuesto del Estado. Señor Rato, ¿para qué sirve este préstamo? ¿Para compensar variaciones de tesorería que se anulan al final del año? Si es así, no tendría que aparecer en el capítulo VIII del Estado. ¿O sirve para consolidar un déficit estructural que aumenta el endeudamiento de la Seguridad Social? Si es así, entonces nuestra preocupación es todavía mayor, porque las cifras ya son muy preocupantes. Tranquilícenos, díganos que sus previsiones son buenas, que el desfase de tesorería se cubrirá a final de año, porque usted sabe muy bien, señor Rato, que las pensiones no se pagan con cheques de buena voluntad y tampoco se pagan con derechos reconocidos, se pagan con *cash, y si* usted no convierte un derecho reconocido en dinero líquido **(Rumores.)** —sí, dinero quiero decir—, no podrán pagar las pensiones.

Señorías, sus explicaciones deben ser convincentes, porque si no lo son nos tememos que, al mismo tiempo que se hacen fotografías, se están socavando los cimientos del sistema. Por eso mismo les anticipo que pediremos que haya una mayor aportación del

Estado a la Seguridad Social. Porque, dígame, señor Rato: ¿es o no es verdad que la aportación del Estado para complementos de mínimos disminuye de una forma drástica, bajando desde una cuantía el año pasado cercana a los 215.000 millones de pesetas hasta prácticamente 15? ¿Es así, o no es así? Es así. Y eso quiere decir que el Estado deja de aportar a la Seguridad Social, en contra de la lógica del Pacto de Toledo, unos recursos equivalentes al déficit implícito que tememos que tenga.

Veamos los ingresos del Estado. Usted dice que no sube la presión fiscal, que en su programa decían que estaría constante y que no sube. Y apoya su argumento en que los ingresos crecen, como el PIB, un 6 por ciento. Señor Rato, eso no es cierto. La presión fiscal crece 0,38, porque para calcularla hay que sumar los capítulos I, II y III del presupuesto y las cotizaciones sociales. Lo demás no cuenta para nada en presión fiscal. Y si hace usted este cálculo (lo podemos hacer juntos, si usted quiere, después) verá cómo es un 0,38 y no un 0 como usted propone.

Creemos que les faltan unos 300.000 millones de pesetas de ingresos en 1996 y en 1997, y nos tememos que no han calculado correctamente el impacto del nuevo sistema de tributación de plusvalías, pero que esta pérdida de recaudación la compensan porque la nueva tarifa simplificada no ha recogido toda la deflactación de la anterior tarifa para corregir la progresividad en frío causada por la inflación.

Señor Rato, ¿puede usted garantizarnos que, de acuerdo con sus promesas y argumentos, con la nueva tarifa todos los contribuyentes pagan menos en términos reales que con la anterior? Sí, ya sé que pagan menos; pero la pregunta es: ¿en términos reales? ¿Ha limpiado usted la progresividad en frío, o ha aprovechado la excusa de la simplificación para tener una bolsa de recaudación adicional, que no sale de sus promesas de corregir este efecto?

Pero, allá ustedes con sus previsiones. Dicen que las van a obtener y les creemos. Hay, sin embargo, un punto donde nos gustaría más información. ¿Cuánto van a obtener por privatizaciones? ¿Cuánto este año y cuánto el año que viene? Usted dice 450 el año que viene. No es cierto. No es cierto si lo que han dicho los comparecientes en las comisiones lo es, porque todo a la vez no puede ser cierto. Usted tiene 450 en el presupuesto de ingresos del Estado, que provienen 115 de aportaciones de la SEPI, pero el presidente de la SEPI dijo que la SEPI iba, a su vez, a efectuar privatizaciones. Y si suman las privatizaciones de la SEPI y las del patrimonio, y restan los 115 que se transfieren del uno al otro, salen 800.000 millones. Si me equivoco, díganmelo, porque no nos gusta que vacíen ustedes a tanta velocidad el arcón de las joyas de la abuela. Demasiado aprisa. Explíquenos: ¿son 450 o son 800? ¿Son 450 en el Estado y cuántos más en la SEPI? Aunque la verdad, señorías, es que cada vez que ustedes hablan de privatizaciones, cada vez que su parlanchín Ministro de Industria habla sobre el tema... **(Rumores.—Protestas.)**

El señor **PRESIDENTE:** Señorías, guarden silencio.

Señor Borrell, vuelvo a encarecerle que no emplee calificativos o términos peyorativos, para ningún Diputado.

El señor **BORRELL FONTELLES:** Es una forma cariñosa de dirigirse a quien habla mucho. **(Rumores.)**

El señor **PRESIDENTE:** Deje los cariños para otra ocasión, señor Borrell, y los calificativos y palabras peyorativas.

El señor **BORRELL FONTELLES:** Está dicho con todo el cariño al señor Piqué, a quien sí debo reprocharle, con igual cariño, que cada vez que habla consigue que suba el precio de lo que quiere comprar y baje el precio de lo que quiere vender. **(Aplausos.)** Y a este ritmo, señorías, nos va usted a salir muy caro. **(Risas.)** En fin, creemos que venden demasiadas empresas.

Y también me gustaría que me explicara cuál es el ingreso que pretenden obtener con el 3 por ciento del impuesto sobre saldo de balances actualizados. Nos han dicho que son 175.000 millones de pesetas. Si eso es así, su presupuesto de ingresos por sociedades disminuye un 4,4 por ciento, que es muy raro. Explíquenos, por favor, qué impacto tiene en esta caída de recaudación el efecto, que ya se produce en 1997, de la actualización de balances.

Todo eso dibuja un escenario lleno de dudas, pero, como le he dicho, estamos dispuestos a creer que tienen ustedes más información que nosotros y que sus previsiones son las buenas, y las tomaremos como punto de partida de nuestras alternativas.

Vamos al presupuesto de gastos. Su falta de credibilidad, señor Rato, es todavía mayor. La tasa de crecimiento del gasto no es del 1,7 por ciento, porque usted se ha fabricado un término de comparación *ad hoc,* lo compara usted con algo que no es ni el presupuesto inicial, ni la previsión de liquidación, sino el presupuesto inicial que resulta de la prórroga, al que han añadido, para que la tasa de variación sea más baja, casi 500.000 millones de pesetas de ampliaciones durante el ejercicio, de los cuales 171 son intereses pasados de 1997 a 1996, gracias a un cambio de criterio contable que bienvenido sea, porque nos ayuda a rebajar la presión sobre el gasto el año que viene.

Pero si hace usted las cosas bien y quita estos casi 500.000 millones, entonces la tasa de crecimiento no es del 1,7 sino del 4,5; y si cuenta usted los capítulos I a VIII, como tendría que hacer, ¿por qué han puesto en el capítulo VIII un montón de gasto al que llaman préstamo? Si hacen las cosas de acuerdo con la realidad y no de acuerdo con cómo les gustaría llamarlas, entonces, señoría, la variación del gasto es del 6 por ciento; el 6, no el 1,7.

¿Quizá sea por eso, señor Rato, por lo que en el libro amarillo este año sobre el capítulo VIII de gastos del presupuesto del Estado, que crece un 45 por ciento, no hay ni una sola línea de explicación? ¿O es una casualidad que del capítulo que crece un 45 por ciento no haya, a diferencia de otros años, ni una sola palabra? Eso sí, podemos enterarnos extensamente de la reforma fiscal irlandesa de 1982 **(Risas.),** que tiene sin duda una enorme importancia para lo que estamos discutiendo, y consumimos páginas y páginas aprendiendo cómo se calcula el déficit estructural, pero no hay ninguna aplicación de tan sabios métodos a conocer cuánto varía el déficit estructural en su presupuesto. Pues sí, el 45 por ciento de crecimiento del capítulo VIII.

Están ustedes pasando de un presupuesto de gastos a un presupuesto de préstamos, y no se lo reprochamos tampoco demasiado, porque, a fin de cuentas, todo el mundo lo hace y este año quizá sea necesario hacerlo.

Pero claro, cuando entramos en los capítulos concretos, señoría, y me habla usted de rigor en el capítulo II, un capítulo al que ustedes quieren confundir (otra vez el viejo pensador alemán —que, por cierto, no se llamaba Carlos—) y crear una percepción equivocada de la realidad, diciendo que eso es despilfarro, hay que decir que ustedes bajan el funcionamiento de los centros y los comedores escolares más de un 10 por ciento; que ustedes bajan, por ejemplo, en el Ministerio de Justicia, las comunicaciones postales, que nos acaban de reprochar que necesitan entre 1.500 y 2.000 millones al año y le ponen 350.

Así todo. Miles de ejemplos que demuestran que este capítulo es un brindis al sol, algo que no va a resistir la realidad y no va a servir más que para deteriorar los servicios públicos y acumular impagados.

En cualquier caso, señorías, es poco dinero, y por aquí no puede haber graves problemas de desequilibrio. Donde los hay, y gordos, es en la inversión, que ustedes disminuyen extraordinariamente, pero lo hacen de dos maneras: una, la que luce en el presupuesto, con la bajada global del crédito; la inversión civil, señorías, baja casi un 20 por ciento, en Cataluña baja un 45 por ciento (lo digo a efectos de apoyos parlamentarios) **(Risas.)**; la militar se mantiene constante; la civil baja casi un 20 por ciento. Pero lo que más me preocupa es que baja también el coste de todos los proyectos de inversión. Y yo puedo entender que bajen ustedes los proyectos de inversión que están todavía por contratar, pero no puedo entender que bajen el coste de un proyecto de inversión que está a punto de terminar. No puedo entender por qué la presa de Rialp costará 8.000 millones menos de lo que está contratada, o que la presa de Itoiz costará 10.000 millones, creo recordar, menos de lo que está contratada. ¿Qué pasa, las van a hacer más pequeñas, señoría? **(Risas.— El señor De Grandes Pascual: No hay comisiones.—Varios señores Diputados pronuncian palabras que no se perciben.) (Rumores.)**

El señor **PRESIDENTE:** Señorías, guarden silencio.

Señor Borrell, le ruego vaya concluyendo, ya lleva 35 minutos.

El señor **DE TORRES GOMEZ:** No te enteras.

El señor **PRESIDENTE:** Señor De Torres, guarde silencio.

El señor **BORRELL FONTELLES:** Es posible que no me entere, señoría. He venido aquí a enterarme, a preguntar y esperar que de las respuestas del señor Rato consiga enterarme. Le aseguro que no me sabrá mal, en absoluto, como le decía antes, salir de aquí con más confianza en el presupuesto de la tenía cuando he entrado.

Por ejemplo, en investigación y desarrollo, acaba de decirnos, señor Rato, que sube mucho. ¿Sabe por qué? Por los 20.000 millones del proyecto del avión de combate europeo. Todo lo demás baja. Sólo sube ese proyecto: 20.000 millones. Sí, sube, pero sube exclusivamente por esta razón.

Voy más aprisa. Ayuntamientos. Dicen ustedes que sube un 6 por ciento. No es cierto. Sube un 3,7. Verifíquelo.

Comunidades autónomas. ¿Cuánto sube el nuevo sistema con respecto al anterior? En mi opinión, el 11 por ciento que luce el presupuesto se reduce a un 6,5 por ciento, en el mejor de los casos. Pero, dígannos, tienen la gran ocasión ¿cuánto cada comunidad? ¿Qué diferencia entre este sistema y el anterior? ¿Cómo sigue la evolución? ¿Es el ITAE? ¿Es el PIB? ¿Qué ITAE utilizan ustedes, porque en la documentación que ronda por ahí aparece un ITAE que nada tiene que ver con el que ustedes reflejan en el presupuesto?

Empresa pública. Aquí, señor Aznar, si me permite parodiarle con el mejor de los ánimos, recordaré una frase suya ya famosa que decía: Había un problema y ya lo he resuelto. **(Risas.)** Yo creo que lo que usted quiere decir con eso es: Había un problema y lo he cambiado de sitio. **(Risas.)** Porque tenía usted un problema de financiación en el presupuesto y lo ha quitado del presupuesto para convertirlo en endeudamiento centrifugado de las empresas y entes públicos. Teníamos un problema y lo seguimos teniendo. Lo que pasa es que lo tenemos en un sitio más caro. Las empresas públicas recibían un billón; ahora reciben 400.000 millones. ¿Me puede explicar, señor Rato, sólo un ejemplo, cómo hará Renfe para cubrir los 63.000 millones de pesetas menos que va a recibir con respecto al contrato-programa? Ustedes dicen: mejora de gestión. Explíquenme... **(Un señor Diputado pronuncia palabras que no se perciben.)** (El Ave es el único tren que en este momento gana dinero, señoría). Explíquenme qué mejora de gestión se va a producir para ahorrar 63.000 millones de pesetas.

Voy más rápido todavía, señorías, y entro en algo que me parece muy importante: la sostenibilidad. **(Un señor Diputado: ¿Qué...?)** La sostenibilidad, que las cosas se puedan mantener en el tiempo. **(Risas.—Aplausos.)** señorías, no me distraigan que me queda poco tiempo.

El señor **PRESIDENTE:** Concéntrese en su exposición y no conteste a las intervenciones de sus señorías. **(Rumores.)** Guarden silencio, señorías.

El señor **BORRELL FONTELLES:** Muchas gracias, señor Presidente.

Señorías, un presupuesto no puede agotarse en un solo año, no puede dejar los problemas sin resolver para el año siguiente hasta hacerlos insolubles. Este presupuesto, señorías, suponiendo que nos lo pudiéramos creer, sólo lo podemos aplicar una vez. ¿O es que acaso vamos a congelar en 1998, otra vez, los sueldos de los empleados públicos? ¿O es que vamos a volver a reducir la inversión? ¿O es que vamos a volver a vender las empresas que habremos vendido este año? ¿O es que vamos a deteriorar otra vez los servicios públicos? ¿O es que vamos a volver a congelar la aplicación de leyes progresistas en justicia y educación? ¿O es que vamos a demorar otra vez el cumplimiento de las normativas europeas en materia de medio ambiente? ¿Es eso lo que ustedes piensan que haremos en 1998?

¿No, verdad? Pues explíquennos qué piensan hacer en 1998. **(Rumores.)**

¿Quizá van a volver a poner otra vez el impuesto del 3 por ciento sobre activos para compensar el coste de la regularización? ¿O de qué manera van a compensar el coste creciente de la financiación autonómica? ¿Con qué ingresos? ¿O con qué reducción de gastos de las políticas públicas?

El tercer problema es el de la equidad. No creemos que este sea un presupuesto equitativo, señor Rato, porque distribuye de forma muy desigual entre las administraciones y las personas el esfuerzo de ajuste necesario; y no es equitativo por la combinación que hace usted de sus políticas fiscales y retributivas. Al mismo tiempo que congelan ustedes los sueldos de centenares de miles de trabajadores de rentas muy modestas, a las personas que obtienen plusvalías importantes en el corto plazo a través de acciones inmobiliarias o bursátiles les bajan el tipo a la mitad. Congelan los sueldos de gente que gana 150.000 pesetas al mes y bajan a la mitad la tributación de las personas que obtienen ganancias especulativas a través de inversiones inmobiliarias y financieras. Regularizar balances, señor Rato, que tiene efectos inflacionistas, costará el doble de lo que se ahorra congelando el sueldo de los empleados públicos, pero lo costará cada año a partir de ahora. Y todo lo que se ha ahorrado usted recortando en educación, cortando la Logse de una forma radical, o en justicia o en cultura, todo eso es menos de lo que le ha costado a la Hacienda pública, no los coloquios públicos del señor Piqué, sino la emigración de capital desde cuentas corrientes hasta fondos de inversión.

Señor Rato, creo que debe usted negociar con los funcionarios. Dice que viene aquí a decirnos que lo pasarán muy bien con la congelación; pues dígaselo a ellos. Negocie, cumpla el pacto del '94, vaya a verles, negocie y trate de llegar a un acuerdo, porque creemos que estos trabajadores ya pagaron un precio de ajuste y es injusto hacerlo recaer de nuevo sobre ellos.

Tampoco es equitativo su presupuesto, porque los complementos de mínimos los van a pagar este año los cotizantes de la Seguridad Social, que no tienen más obligación de ser solidarios que el resto de los mortales. Hace usted que paguen prácticamente el 95 por ciento de una prestación que ustedes han calificado como prestación no contributiva y, por tanto, no debe recaer sobre un colectivo específico de la sociedad. Y lo mismo pasa con el desempleo. Y fíjese, cuando hablamos de educación —y usted ha pasado por encima de la educación, porque sabe que aquí tiene un problema muy grave este presupuesto— debo decirle que el Grupo Socialista lamenta que la educación pública pague el pato del ajuste, que la educación pública vea disminuida su inversión, sus gastos de funcionamiento; que no se podrán construir más que tres institutos el próximo año; que los comedores escolares, que los gastos de funcionamiento caen en picado y, al mismo tiempo, la enseñanza privada aumenta un 4,5 por ciento. Y cuando lo digo, señorías, no es para despertar ninguna confrontación entre la educación pública y la privada **(Algunos señores Diputados: ¡No, no!)**; no. Es para que sepan ustedes —que quizá no lo sabían— que tratan de forma muy desigual al alumno de la enseñanza pública que al de la privada **(Rumores.)**, y que todas las políticas de igualdad de este presupuesto están cercenadas de raíz. **(Aplausos en los bancos del Grupo Socialista.—Rumores.)**

Sólo dos cosas más, señor Presidente. Hay otro problema de equidad muy grave, que es el problema que surge de los distintos ritmos de incremento de la financiación de las distintas administraciones. Un niño de Castilla y León el año que viene recibirá para financiar la educación en su conjunto un poco menos que este año; y la educación pública, bastante menos que este año. Pero un niño de Galicia, que tiene la educación transferida, va a recibir un 6,5 por ciento más. A igualdad de competencia ustedes financian de forma muy distinta las diferentes administraciones, y eso recae de forma muy desigual en los ciudadanos que son, a fin de cuentas, los destinatarios de lo que estas administraciones hagan, y eso nos preocupa porque tendríamos que repartir por igual este esfuerzo. ¿Por qué una administración, a igualdad de competencia, tiene que aumentar el doble que otra, o cuatro veces más que otra? ¿No es este el año para en vez de hacer inventos disparatados sentarse a negociar y discutir y establecer un sistema de financiación transitorio que reparta por igual en todas las administraciones el esfuerzo necesario? Si así lo hiciéramos liberaríamos los 80.000 millones que, como mínimo, calculamos que faltan para pagar las pensiones que se hacen desde la Administración central del Estado, que también hace cosas para los ciudadanos.

Este es un tema muy importante, señor Rato, sobre el cual le pido que piense, porque si alguna vez nos llega usted a explicar cuánto cuesta el sistema de financiación autonómica, le rogaré que piense si este año no debería usted asignar mejor los recursos.

La última observación concreta, la sanidad. Aquí debo reconocer que ustedes aplican un crecimiento homogéneo entre competencias. Es complicado leer el documento presupuestario, pero cuando se hace y piden explicaciones aparece un crecimiento corregido por una desviación en el PIB que aplica al cien por cien el sistema de financiación de 1994. No diga usted que da más que este sistema, porque no lo hace. ¡Dígame dónde da usted una peseta más en este presupuesto que lo que resulta del pacto de financiación de 1994! No están ni siquiera los 60.000 millones de pesetas que reclamaba Cataluña y que el Gobierno socialista estuvo dispuesto a dar en los ajustes que ustedes rechazaron; dígame dónde están. Porque nos preocupa enormemente el sistema de salud.

Nos preocupa porque estamos muy orgullosos de él. Nos cuesta tres billones 650.000 millones de pesetas, y esto, señorías, son 10.000 millones de pesetas al día. Pero esto son 250 pesetas por español y día; es decir, por lo que cuesta un refresco en una cafetería de mediano postín, este país tiene un sistema de sanidad pública eficiente, que es la argamasa social que nos da cohesión, que hemos creado nosotros y que nos gustaría que ustedes mantuvieran. **(Aplausos en los bancos del Grupo Socialista.—Rumores.)** Lo hemos desarrollado nosotros en los 14 años de Gobierno.

El señor **PRESIDENTE:** Señor Borrell, vaya concluyendo.

El señor **BORRELL FONTELLES:** Es verdad que no hay ningún sistema privado que por 250 pesetas al día pueda garantizar la cobertura de riesgos que tiene el sistema público de sanidad español, ninguno. Es un sistema eficiente que garantiza solidaridad y eficacia y nos preocupa que de «bareada» en «bareada» se lo acaben ustedes cargando.

Acabo ya, señor Presidente. Muchas gracias, por atención. Espero sus respuestas, señor Rato, porque de verdad al Grupo Socialista le gustaría poder confiar en este presupuesto y conseguir un 3 por ciento del déficit, pero creemos que se puede reestructurar el presupuesto para hacerlo más eficiente, más equitativo y más sostenible. Tenemos sin duda ideas que le podemos aportar, si usted las quiere. No queremos, como hicieron durante años, pedir al mismo tiempo más gastos, menos ingresos y menos déficit. Con eso se pueden ganar premios de retórica, pero no se sirve al interés general del país.

Nosotros estamos dispuestos a dialogar con ustedes para conseguir mejores equilibrios, para que el camino de Maastricht sea más adecuado a la estructura de esta sociedad y para ello, con su respuesta, espero en la réplica poder contribuir a hacerlo.

Muchas gracias. **(Fuertes y prolongados aplausos en los bancos del Grupo Socialista.)**

El señor **PRESIDENTE:** Gracias, señor Borrell.

. . . .

[Tras la intervención del Sr. Anguita y del Sr. Rato, el Presidente concede la palabra de nuevo al Sr. Borrell]

El señor **BORRELL FONTELLES:** Pierde usted el tiempo, señor Rato, si quiere convertir este debate en un debate personal. Aquí estamos para discutir una enmienda a la totalidad al presupuesto que usted ha presentado. De eso hemos venido a hablar.

Le hemos hecho preguntas y usted ha contestado unas sí y otras no, pero hemos venido a hablar del proyecto de presupuestos que presenta su Gobierno, y cualquier intento de hablar sobre lo que pasó por la cabeza o en la realidad a uno o a otro, hace unos años, no es de interés para el debate de hoy. El interés del debate de hoy —otro día lo hablamos si quiere usted— es saber si sí o si no la presión fiscal sube el año que viene, y eso usted no me lo ha contestado.

Respecto a las comparecencias, usted ha dicho hoy aquí en el debate que no subía la presión fiscal. Yo le he dicho: Sí sube, 0,38 por ciento. ¿Debo entender de su respuesta que mantiene que no sube? Pues está usted en un error y el país lo tiene que saber. Los impuestos y las cotizaciones de acuerdo con sus previsiones suben el 0,38. Es lo que me interesa que quede claro en este debate: su proyecto sube la presión fiscal. Fíjese que ni siquiera se lo reprocho, simplemente le pido que lo constate.

En segundo lugar, le he preguntado cuánto crecía el gasto público y le he dicho que en términos homogéneos crecía no el 1,7 que usted argumenta. Usted me replica diciendo que yo digo que no sé cual es el presupuesto de comparación. Sí lo sé, lo sé muy bien, lo cuenta el libro amarillo: es el que resulta de la prórroga más 470.000 millones de pesetas que añaden ustedes, que no es el presupuesto inicial y, por tanto, no debe ser objeto de comparación con el otro presupuesto inicial. No me diga que no sé qué presupuesto base de comparación usan. Claro que lo sé. Lo que le reprocho es que usan uno construido *ad hoc,* porque ni es el inicial, ni es la previsión de cierre. Y por eso le sale 1,7, porque aumentan la base para que crezca menos. Si quitan eso de la base les crece el 4,5, y eso usted no lo ha desmentido. Ha hecho un *dribbling* dialéctico para hacerme decir lo que no he dicho. Y le he dicho más: que si computan los capítulos 1 a 8, porque el 8 está lleno de cosas que llaman préstamos pero no lo son —en cualquier caso, tendrán ustedes que financiarlo, emitir deuda para pagarlo—, decrece usted el 6, y eso tampoco lo ha desmentido usted y de eso hemos venido a hablar, señor Rato.

En cuanto a la Seguridad Social —le contesto porque quisiera que el debate sirviera para algo—, lo único que me ha dicho es que la estimación que le he citado como referencia es verdad y que la diferencia entre una cosa y otra son atípicos. Ingresos que provienen de una mejor gestión. Magnífico. Ya sabernos a qué se debe la diferencia: mejor gestión. Pero no me ha dicho nada sobre el cálculo del mayor gasto en pensiones por la tasa de reposición que usan; de eso ni media palabra. ¿Debo entender que sí, que tengo razón yo y hay 80.000 millones de pesetas más de gasto previsto? Tampoco me ha dicho por qué razón suponen ustedes un ahorro seis veces mayor que este año en la invalidez temporal ¿Qué debo entender? ¿Que hay o no hay un déficit encubierto? ¿Me dice usted que el préstamo de 350.000 millones es meramente de tesorería y que no se va a consolidar a final de año? Si es así, no entiendo qué pinta en el presupuesto de gastos del Estado. No debería estar ahí. Si está es porque es una autorización que da este Parlamento para que se consolide al final del ejercicio.

Usted no me resuelve las dudas y yo me quedo con ellas. No sabemos muy bien cuál será el déficit de la Seguridad Social. Lo que si sabemos, señor Rato, porque usted lo ha dicho aquí, en la tribuna —y supongo que quedará reflejado en la opinión—, es que para ustedes los complementos de mínimos son prestaciones contributivas. Pues bien, éste es el documento que han firmado con los sindicatos. Y en este documento han firmado ustedes que los complementos de mínimos tienen naturaleza no contributiva. Página 5. **(Rumores.)** En la página 5 de un documento que firman con los sindicatos dicen que tienen naturaleza no contributiva y el Ministro Vicepresidente del Gobierno viene a las Cortes a decir que sí, que son contributivos. Pasa como con el artículo 61, ¿cuál vale? Por cierto, ¿cuál vale? Los dos, valen los dos. ¡Estupendo! Valen los dos. **(Rumores.)** Dicen cosas distintas pero valen los dos. Debe ser como el acuerdo con los sindicatos. Valen los dos. Con los sindicatos se dice que son no contributivos y en las Cortes se dice que son contributivos. Magnífico. ¡Todo un ejemplo de seriedad! ¿Qué vale, el acuerdo con los sindicatos o la palabra del Vicepresidente del Gobierno en las Cortes? ¿No les parece a ustedes que es una pregunta políticamente relevante? ¿Que este país tiene derecho a saber si cuando firman diciendo que una cosa es blanca al día siguiente no se puede venir a las Cortes a decir que es negra? ¿No le parece esto más relevante que una frase de hace años sobre los interventores?

Sobre la Seguridad Social quizá tenga ocasión de rectificarse a sí mismo en la réplica a la réplica, pero nos quedamos sabiendo menos de lo que sabíamos cuando hemos venido aquí.

Le voy a contar qué es lo que hacen ustedes con la empresa pública: cambiar el problema de sitio, pura y simplemente. Porque lo que ustedes hacen es financiar con la venta de activos o con el incremento de pasivos de la SEPI el endeudamiento de las empresas que se produce como consecuencia de la supresión de transferencias presupuestarias. Consolidando balances es lo mismo. Hay una diferencia, y es que haciéndolo como lo hacen quitan del presupuesto un gasto que como tal subiría el déficit y quitan un ingreso que como tal no computaría en el déficit, y lo dan directamente por fuera del presupuesto. ¿Esto es una contabilidad imaginativa? ¡Pues sí! ¿Se lo reprocho? ¡Pues no! Simplemente le digo que el problema estaba en un sitio y lo han puesto en otro a efectos de lucir un déficit menor. ¿Saben qué consiguen con eso? Una tercera parte de la reducción del déficit que luce su presupuesto procede de este artificio contable, de los 250.000 millones de pesetas que enajena la SEPI para financiar las deudas de las empresas que antes financiaba el presupuesto. Así de claro. ¿Cuánto privatizan: 800.000 o 450.000 millones? Tampoco me lo ha contestado usted, pero yo le voy a hacer las cuentas. Ustedes hablan en el presupuesto de 450.000 millones de privatizaciones que proceden de patrimonio del Estado. El Presidente de la SEPI, que ha estado aquí en las comparecencias famosas, dice que la SEPI va a privatizar a su vez una cantidad, parte de la cual la traspasa al Estado, 115.000 millones de pesetas, y el resto se lo queda —dice— para financiar empresas deficitarias que no han recibido aportaciones del presupuesto. Pues bien, si ustedes suman los 450.000 millones de pesetas del presupuesto y los 460.000 millones que dice la SEPI que va a privatizar y que no están en el presupuesto y le restan los 115.000 millones que uno le da al otro, les quedan 795.000 millones de pesetas de privatizaciones entre los dos. ¿O no es así? Si no es así, explíquemelo, y es la segunda oportunidad que tiene usted de hacerlo. ¡Pues claro que es así! Salvo que su presupuesto o el Presidente de la SEPI no digan la verdad, el resto es aritmética. Setecientos noventa y cinco mil millones de menos activos. ¿Y qué más da menos activos que más pasivos? Al final el balance es el balance, y ustedes quitan del presupuesto lo que no les conviene que luzca a efectos de déficit *maastrichtiano,* porque los ingresos que lo compensarían no computarían a efectos de ese déficit. No nos tomen por más tontos de lo que somos. Cuenta nos damos y no hacemos nada más que decirlo, pero no vengan aquí sacando pecho y diciendo que reducen el déficit por arte de birlibirloque, de golpe y plumazo, porque lo hacen así, con las joyas de lo que usted prefiera, de la monarquía o de la abuela. En este caso son más bien del Estado español y de todos nosotros.

De eso es de lo que teníamos que hablar. Sobre la Seguridad Social yo espero que quede constancia y que los sindicatos mañana pregunten qué clase de papel han firmado con ustedes. Y las dudas siguen subsistiendo sobre cómo se recauda y cuánto se gasta. Sobre la empresa pública creo que está ahora más clara la pregunta ¿Son 450.000 o son 795.000 millones? Sobre la financiación del déficit de las empresas, por fuera del presupuesto. No me diga usted que el capítulo II es un esfuerzo de ahorro y que nadie se sacrifica salvo el Estado; nadie, salvo el Estado. Es una dialéctica muy típica de quien cree que Estado y sociedad están enfrentados, de los que quieren enjaular al ogro filantrópico. Pero ¿quién es el Estado, señorías? ¿Un cartero es Estado? Pues parece que ése se aprieta el cinturón. ¿Un cartero no es un ciudadano? Los niños de los colegios, que van a recibir un 20 por ciento menos de gasto, qué son. ¿Estado o sociedad? No existe un Estado distinto de la sociedad. Cuando dice usted que el Estado se aprieta el cinturón, pero que los ciudadanos no, parte de esta dualidad, típica de la gente profundamente de derechas a las que el Estado les sobra, y lo caricaturizan y lo presentan como un ogro filantrópico o como una pantalla ante los ciudadanos que va en contra de todos ellos a la vez, pero no diga usted que sólo el Estado sufre el ajuste, porque detrás de cada peseta de ajuste hay un ciudadano.

Y podría replicarle a un montón de cuestiones más, pero no crean ustedes que todo ha ocurrido en los últimos seis meses como si entre su Gobierno y el nuestro mediara la distancia que va de la Edad de Piedra al siglo XXI. Han encontrado un país dotado de mecanismos de redistribución extraordinariamente eficientes.

He criticado sus medidas fiscales; creo que merecen crítica, pero estoy dispuesto a aceptar que el tratamiento fiscal de las plusvalías puede ser mejorado introduciendo más progresividad. ¿Qué es lo que le molesta? ¿Que caduquen al cabo de un tiempo? Pues mañana firmamos usted y yo un proyecto de reforma extendiendo hasta el infinito la duración de la tributabilidad de una plusvalía. Es verdad, las plusvalías viejas no tributaban porque se quería primar el ahorro estable y se quería tener en cuenta el paso del tiempo, pero no me diga usted que no es verdad que una plusvalía grande, importante, obtenida especulativamente, rápidamente, por un señor de renta alta, antes tributaba al 45 por ciento como mínimo y ahora tributa al 20 por ciento. ¿Es o no es así, señor Rato? **(El señor Homs i Ferret: Hoy no hay rentas altas.)** ¿No hay rentas altas? Todo depende de con quién la compare usted. El 80 por ciento de los contribuyentes declara menos de 3 millones de pesetas; explíqueles lo que es una renta alta.

El señor **PRESIDENTE:** Señor Borrell, le ruego que vaya concluyendo.

El señor **BORRELL FONTELLES:** Pero, señor Rato, podemos mejorar la tributación de las plusvalías, si usted quiere. Podemos mejorar la tributación de las plusvalías para hacerla más progresista. Pero usted estará de acuerdo conmigo en que se ha producido una emigración de capitales desde cuentas corrientes hasta fondos de inversión y esto significa una pérdida neta para la Hacienda pública, porque antes estaban sometidas a una retención y ahora no.

Pero le insisto en que aquí hemos venido a hablar del futuro; al menos nosotros hemos venido a hablar del futuro. Y usted me ha reprochado en su intervención que no le he hablado de las alternativas que se pueden plantear para hacer este presupuesto mejor, para ofrecer a la sociedad española un camino hacia Maastricht que sea más equitativo y más eficiente. Pues existen, y podemos hablar de ellas si usted está dispuesto a plantear un presupuesto que mejore el que ha presentado.

Nosotros creemos que la inversión no puede disminuir tanto. Por cierto, ¿a qué le llama usted finalización extrapresupuestaria? No será a los 150.000 millones, ¿verdad? Porque esos están en el presupuesto.

Esos no son extrapresupuestarios; ¿cómo van a serlo si están en el presupuesto? Será otra cosa, pero esos no son extrapresupuestarios; faltaría más. Luego esa relación del 15 por ciento no sé de dónde viene; usted estará hablando de otras fuentes de financiación.

Hace falta invertir más; hace falta no deprimir las rentas salariales de los empleados públicos por una razón de equidad e incluso por una razón de equilibrio macroeconómico. Porque, es verdad, hubo un tiempo en el que también pedimos sacrificios a los empleados públicos. ¿Sabe qué pasaba entonces? El PIB caía porque España estaba sumida en la recesión europea provocada por la reunificación alemana, y ahora vamos a crecer al 3 por ciento. Entonces se perdían puestos de trabajo a miles, y ahora se van a crear 240.000. Entonces teníamos que aportar al desempleo un billón de pesetas, y ahora con 250.000 millones cubrimos el problema. Entonces la economía iba mal, y ahora parece que puede ir mejor. Esa es la diferencia. Hacía falta pedir un sacrificio a todos y ahora no es necesario pedírselo solamente a algunos.

Unas rentas salariales mantenidas, en el sector público; más inversión; una mayor estabilidad de la Seguridad Social con aportaciones del Estado que nos ofrezcan más garantía; 25.000 millones más para la educación, de la cual usted no ha dicho ni media palabra en su respuesta, ni media palabra sobre la educación; 25.000 millones más para reponer el gasto al mismo nivel que estaba en 1996, el mismo; cubrir los agujeros que hay en Justicia y en Cultura que anulan la funcionalidad de muchos servicios. Esas son cosas que creemos que este presupuesto debe recoger para hacerlo más eficiente, más equitativo, para acompañar mejor el crecimiento que nos proponemos conseguir.

El señor **PRESIDENTE:** Señor Borrell, concluya, por favor.

El señor BORRELL FONTELLES: Concluyo, señor Presidente.

Esto junto al contrato programa de Renfe, porque es imposible que Renfe ahorre 60.000 millones de pesetas. Todo ello significa una movilización de recursos adicionales que oscilan en el entorno de los 400.000 millones de pesetas que hemos de encontrar y podemos encontrar.

Estoy haciendo, señor Rato, lo que usted nunca hizo. Usted nunca diseñó la menor alternativa en su crítica. He revisado sus intervenciones en los Plenos. Nunca hubo la menor alternativa. Una crítica absolutamente destructiva. Nosotros estamos intentando ofrecer una alternativa que mejore su presupuesto. **(Rumores.)** Les aseguramos que del diálogo puede salir una mejoría notable.

Podemos ofrecer, como le digo, un mantenimiento de rentas, un incremento de la inversión, una mayor Seguridad Social por una estabilidad financiera más acorde con los déficit implícitos que usted no me ha aclarado que no existan; mantener Renfe, Justicia y Educación. Esto es posible obtenerlo si estamos dispuestos a aplicar el sistema tributario de una forma que garantice el cumplimiento de las normas más eficientemente.

Señor Rato, usted no va a cambiar el sistema de tributación de las plusvalías. Yo se lo propongo. Si lo que quiere es que no caduquen con el tiempo; pues que no caduquen con el tiempo, pero que tributen a un tipo progresivo, que no sea independiente la tributación de la cuantía de la renta de la persona. Pero ya que tiene usted hoy un tipo constante, proporcional, que se aplica a todas las plusvalías cualquiera que sea su cuantía y que se puede calcular de forma automática e instantánea cada vez que se realiza una plusvalía de un fondo de inversión, donde hay 20 billones de pesetas de ahorro, aplique usted inmediatamente una retención a cuenta de la misma. Es un mero ejercicio informático. Cada vez que se venda una participación en un fondo aplique usted una retención a cuenta. Eso le va a dar, como mínimo, 150.000 millones de pesetas.

Modifique la tributación de las plusvalías o no, pero modifique la tributación por módulos en IRPF. Eso puede dar, seguro, 40.000 millones, porque ustedes estiman un gasto fiscal superior. Suprima la deducción del 5 por ciento por inversión en sociedades y la deductibilidad pendiente de beneficios arrastrados del pasado, que le puede dar una cantidad mayor.

Aplique fondos comunitarios hasta el límite de los fondos de cohesión. ¿Es usted consciente que no los usa todos, que deja como mínimo 70.000 millones de pesetas de fondos de inversión que no se usan, que no siguen el ritmo pactado en Edimburgo? Aumente la inversión hasta saturar toda la posibilidad de uso de fondos comunitarios. Son 70.000 millones de pesetas.

Usted me dirá que faltan 30.000 millones más, que es la aportación española, y yo le digo que esta aportación se recupera fiscalmente de forma automática, porque por cada peseta de inversión que usted pone en circulación, por mayores ingresos fiscales y por menores costes sociales del desempleo que ahorra, obtiene automáticamente 35 céntimos. Setenta que pone Europa, 30 que ponemos nosotros a través del sistema fiscal. Puede usted invertir 100.000 millones de pesetas más sin afectar al déficit.

Luego, reparta usted de forma equitativa el esfuerzo entre todas las administraciones, que una no suba un 6,50, otra un 3,50 y otra caiga un 15 por ciento. Por una vez haga usted un reparto equitativo y declare una moratoria en la aplicación de sus inventos fantasiosos en materia de financiación autonómica, de la cual seguimos sin saber, comunidad por comunidad, cuánto cuesta. Suspéndalo por un año. Aplique un criterio de esfuerzo igual. Con ello puede obtener una redistribución de recursos entre el conjunto de las administraciones que le permite cuadrar un desplazamiento de ingresos de unas partidas a otras. Son líneas generales, no se tome las cifras al pie de la letra, pero tómese el espíritu positivo y constructivo de los que, desde la oposición, queremos hacer ésta sin subir a la tribuna olvidándonos de sumar, porque, señor Rato, nuestro intento y nuestro deseo no es tanto recordar la frase afortunada que se dijo hace cinco años, que no va a servir de nada para construir el futuro de este país, sino ver qué posibilidades hay de mantener, con el mismo déficit, un presupuesto más eficiente, más justo para centenares de miles de asalariados; más eficiente para acompañar el crecimiento porque tenga más inversión; más justo porque construya mejor el futuro con mayor gasto en educación, en justicia, en las cosas que preparan a una sociedad. Es posible; hablémoslo, háblelo usted con los funcionarios, veamos si en las enmiendas parciales podemos obtener esos recursos que nos faltan para cuadrar unos gastos adicionales que no son un despilfarro ni una liberalidad de un Estado depredador, sino maneras más eficientes de utilizar los recursos colectivos.

No me diga usted, señor Rato, que la aplicación de una retención a cuenta a las plusvalías inmobiliarias o mobiliarias choca con ninguna norma de equidad fiscal ni con ningún problema de gestión; no hay ninguno. Si quiere, puede. Cobrará más; más aprisa, habrá menos fraude y tendrá usted más recursos. Todo lo que le he dicho es posible, pero es un ejercicio de buena voluntad para que el debate sirva para tener unos presupuestos que nos lleven a Maastricht, quizá por otro camino, pero seguramente por un camino mejor.

Muchas gracias.